团队管理

带出有战斗力的团队

周春堂◎著

中国铁道出版社有限公司
CHINA RAILWAY PUBLISHING HOUSE CO., LTD.

图书在版编目（CIP）数据

团队管理：带出有战斗力的团队 / 周春堂著. —北京：中国铁道出版社有限公司，2022.4

ISBN 978-7-113-28703-0

Ⅰ. ①团…　Ⅱ. ①周…　Ⅲ. ①企业管理－组织管理学　Ⅳ. ①F272.9

中国版本图书馆CIP数据核字（2021）第270927号

书　　名：团队管理：带出有战斗力的团队
　　　　　TUANDUI GUANLI: DAI CHU YOU ZHANDOULI DE TUANDUI
作　　者：周春堂

责任编辑：吕　芠　　编辑部电话：（010）51873035　　邮箱：181729035@qq.com
封面设计：宿　萌
责任校对：焦桂荣
责任印制：赵星辰

出版发行：中国铁道出版社有限公司（100054，北京市西城区右安门西街8号）
网　　址：http://www.tdpress.com
印　　刷：三河市兴达印务有限公司
版　　次：2022年4月第1版　2022年4月第1次印刷
开　　本：700 mm×1 000 mm　1/16　印张：15　字数：190千
书　　号：ISBN 978-7-113-28703-0
定　　价：69.00元

前　言

团队是现代企业的核心战斗力，备受企业关注和重视。团队虽好，但优秀的团队如何培养、怎样才能管理好团队等问题，却是许多管理者不甚了解的。同时，在企业团队建设的过程中常存在许多问题与隐患，如果不及早预防，很可能会给企业带来重大损失。

要管理好员工，得先了解员工的期望。员工期望薪资待遇好，公司稳定有潜力，有升职机会。对于管理者而言，如果能管出效益，这三项都可以轻松实现。

优秀的人才是管出来的，管理要将流程、制度、培训、薪酬、考核设置好，才能最大限度地激发团队的工作热情，为企业创造更好的效益。

如何提高自身管理能力，打造专业化的高素质团队，使团队能效不断提高，是每个企业的管理者都要面对的问题。

而本书针对这些问题，为读者系统地介绍了团队管理的方法及流程。本书的前 3 章对团队管理的统筹工作进行了有层次的解读，包括制定决策、设置目标及分解目标。第 4 章到第 11 章对团队管理的每个模块进行详细介绍，以帮助读者深度学习团队管理的内容与技巧。最后 4 章从管理者自身如何做的角度出发，在每个部分中，都穿插了详细的案例，以帮助读者更好地理解及学习。

团队管理时代的到来为当代企业带来无数机遇与挑战，为了应对挑战，企业管理者必须不断增强管理能力及个人综合素质。

本书将指导企业管理者积极应对团队管理的挑战，帮助企业管理者解决团队管理中存在的问题。通过学习本书，企业管理者可以从容地应对企业发展和团队管理的需求。

周春堂

目　录

统筹篇　做协同且全面的安排

管理篇　高效能团队养成之道

附　录

统筹篇

做协同且全面的安排

第 1 章
制定决策：高效能工作的开端

决策是指团队或管理者为达成某项目标，对一定时期内团队的经营方向、内容及方式进行选择或调整的过程。它贯穿团队管理全过程，决定管理工作成功与否。科学决策具有程序性、创造性、指导性、择优性，它是团队高效工作的前提。

1.1　决策风格决定管理效率

世界上“没有两片相同的树叶”。由于成长环境、受教育程度、个性和年龄等方面的差异，各行各业的管理者在价值观、管理方式、看待和解决问题的方式等方面都大相径庭，其决策风格也会差距悬殊。

1.1.1　影响决策风格的核心要素

经济学家赫伯特·西蒙认为，信息使用方式和备选方案的产生方式是决定管理者决策风格的两项核心要素。

一是信息使用方式。部分管理者习惯做任何决策前都要研究大量数据。在管理学中，这类管理者被称为“最大化者”（maximizer）。“最大化者”执着于寻找最佳方案，其决策通常依据充分，但可能会牺牲时间和效率。而另一类管理者则习惯于先做出假设，后在行动中验证。赫伯特·西蒙称他们为“易满足者”（sarisficer）。“易满足者”执着于关键事实，一旦得到能满足自己要求的必要信息，便会迅速采取行动。

二是备选方案的产生方式。“单焦点”（single focus）管理者制定决策时认为一套行动方案就足矣，而“多焦点”（multifcused）管理者则习惯决策前准备多套可行方案。前者倾向于使事态朝其所希望的方向发展，而后者倾向于根据形势的发展对决策进行调整。

西蒙依据信息使用和焦点两个维度制定了区别四种决策风格的矩阵，见图 1–1。

但须知，不存在纯粹属于某种决策风格的管理者。决策风格恰当与否取决于具体情况，因此管理者需要具备运用四种决策风格的能力。例如，在某个团队环境中，管理者可能会因为时间或资料不充分而无法深入分析和细致考虑。不确定因素多的环境需要多焦点决策风格，而处于稳定的环境中，管理者会倾向采用单焦点决策风格。

方案的数量 \ 信息的使用	满足于够用（信息较少）	最大化（信息较多）
单焦点（一套方案）	果决型管理者 该决策风格具有直接、高效、快速、坚定等特征。 在公开场合，这一以行动为重点的决策风格给人的印象是以任务为导向	层级型管理者 该风格注重缜密分析，高度专注。采用该风格的决策者希望自己的决策一经做出就不再改变，并且能经受时间的考验。 在公开场合，这一复杂的风格给人的印象是极其睿智
多焦点（多个备选方案）	灵活型管理者 该风格讲究速度和适应性，管理人员快速进行决策，并根据瞬息万变的形势迅速调整行动方向。 在公开场合，这一灵活的风格给人的印象是高度社会性和反应迅捷	综合型管理者 具有该风格的决策者从更宏观的角度审视问题，并利用来自多方面的信息。他们做出的决策包含多种行动方案，可随情况的变化而变化。 在公开场合，这一具有创造性的风格给人的印象是高度参与性

图1-1　管理者决策风格矩阵

1.1.2　决策风格是动态发展的

研究表明，管理者的决策方式会受环境公开与否的影响。因为在公开场合，管理者知道自己的举动受大众关注，而处于非公开环境时，则没必要解释或者说明决策过程。管理学上将管理者在公开环境的决策方式称作“领导风格”（leadership style），将在非公开场合的决策方式称作“思考风格”（thinking style）。管理者不一定按自身的思考风格去进行决策，他们在面对众人与镜子时所做决策的过程截然不同。此种区别体现在做决策的方方面面，包括收集信息、提交备选方案、做出最终选择等。

低层管理者与高层管理者的决策风格大相径庭。优秀管理者的决策风格会随着职位晋升而不断改进。当管理者处于较低职位时，行动是工作关键，因为此时的工作多是销售产品或为客户解决问题等。而当职位升高时，管理者的工作则变为做出决策。为胜任新的职位，管理者需要学习新的技能并改变使用信息的方式和制订、评估不同备选方案的方式。若被提升为高层管理者后还以底层管理者的方式工作，会对职业发展产生极大害处，中层管理过早地效法成熟的高层管理的决策方式，也会阻碍职业发展。

管理者的主要决策风格会随着其事业的发展而变化。一名 CEO 的决策风格和一名一线经理的决策风格会完全相反。从“领导风格”上来看，管理者的职位越高，其决策时的开放度、受参与度、采纳意见的多样性就越高，指示性和命令性的占比则会逐渐下降。从“思考风格”上看，管理者更倾向收集大量信息并深思熟虑，趋近于成为“最大化者”。而且，在最高管理层，更多管理者偏爱单一行动方案。

随着管理者职位的提升，管理者与采取具体行动的团队一线接触得越来越少。为了获取信息，管理者有必要采用灵活型和综合型的决策风格来保持信息渠道畅通。这也是这两种决策风格在高层管理者中占比多的原因。而畅通的信息渠道又对“思考风格”的发展有益，因为高层管理者需要对大量信息进行分析，来找出最优的答案。在公开环境，高层管理者会集思广益，鼓励员工提供信息，在私下环境，管理者会利用这些信息去寻求最优方案，或者不断筛选备用方案，直至找出一种可行策略。即管理者的职位提升时，他们在“领导风格”上变得更具开放性和互动性，而在“思考风格”上更侧重于细致的分析。

决策风格的重大转变通常发生在何时？较低层级的管理者的决策风格会相对混杂。到了中层，管理者会发现，在低层时很有效的一些方法突然失灵，此时管理者的决策风格就进入“会合区”（convergence zone），即各种决策风格的使用频率几乎相同。度过这一阶段，决策风格将再度分化，但方向与之前相反，占主导地位的决策风格会发生改变。研究表明，优秀管理者会比一般管理者更早到达“会合区”，而且，随着职位的不断提升，优秀管理者还会继续调整决策风格。而一般管理者在到达“会合区”后会停留在各种风格混杂并用的状态中。在晋升至中层时，一般管理者虽然认识到事情的变化，但无法明确自己应采取的行动，只得尝试所有决策风格。因此其决策既是命令式的，又带参与性，既倾向采取行动，又制定多种方案。部分最差的管理者甚至会无法走出“不确定区域”（uncertainty zone）。

在管理者职业生涯中，中级管理层级是举足轻重的转折点。在低级管理层级上，管理者的工作重点是确保员工完成工作。而到了较高层级，管理者必须抛弃低层时常用的果决型和层级型风格，学会采用灵活型和综合型这两种包容性更强的决策风格。此阶段相当危险，沿用低层时行之有效的做事方法的管理者常在此处遭难。

到了中层管理层级，随着综合型决策的运用到达极致，管理者必须产生各种创造性构想并向上级输送。而到了较高层级，对于探索性、创造性思维的需求大大降低，高效的行动力重新变得重要。管理者更需要做的是缩小备选方案的范围，调动资源去实施特定计划。管理者最终要对其所制定的决策负责，因而必须能够快速做出决策，在极特殊情况下，甚至要当场做出决策。

1.1.3 如何判断是否要调整决策风格

杰克身居要职，在一家大型船运公司当总工程师。公司常运输有毒性的物品，一旦有事故就会造成生命和财产的双重损失。但杰克工作能力很强，公司的CEO诺曼夸杰克说，他每天晚上都能睡个安稳觉，因为他深知杰克能做到始终保持高度警惕，确保所有船只及船上设备处于最佳状态。可尽管杰克具有上述优点，在事业方面依然不顺。

起因是CEO诺曼在公司内部发起了大规模的文化变革运动。诺曼坚信公司总部和一线岗位需要优质的团队精神。负责公司运营的副总裁罗伯特也加入了这场运动。杰克负责管理的一线工程师们与罗伯特负责管理的运营经理们一起工作。双方本应共同决策，而且常要现场决策，但工程师们却纷纷报告说双方几乎不进行合作，原因是杰克不给一线工程师决策权，大事小情都需跟他请示。还有杰克做事专制独断，与新倡导的团队精神完全相悖。在此情况下，尽管杰克能力出众，诺曼还是准备开除杰克。而杰克若想保住职位，就必须改变决策风格。上述案例说明，面对环境变动，管理人员若不能及时调整决策方式，会导致职业生涯遭受致命打击。管理者如能认识到这一点并做出改变，才有东山再起的可能。

一名管理者若想成功，就必须在职业生涯中不断调整决策行为与决策风格。保斯团队（Bose Corporation）的管理层发展做法就体现了这一点。保斯团队采用了三级管理层培训模型：一线经理是第一级，中高层经理是第二级，高管层经理是第三级。团队里负责吸引、挑选和培养优质管理人员等工作的相关人员，对决策行为和决策风格的演进有着透彻的了解，并牢记着不同管理层级的主要职责。在此基础上，他们建立了相应的模型来描述各级管理人员的所需能力，并制订了评估管理人员实际能力的方法。这种模型能使管理者对于不同阶段的管理要求和责任一目了然，它会告诉管理者，依赖旧习惯并不能获得新成功，管理者必须学会在职业生涯中对决策行为与决策风格做出调整。

1.2　个人决策 PK 群体决策

决策的主体可以是群体也可以是个人，两种决策方式的利弊、效率、适用阶段等都不同，管理者应深刻把握二者的特点，依据团队的发展状况灵活采用两种决策方式。

1.2.1 为什么不建议以个人决策为主

管理者在进行个人决策时，常会不由自主地被自身局限性所影响，无法实施有效决策。导致自身局限性存在的具体原因有以下三点。

1. 首因偏差

有一位心理学家曾做过一个实验：召集两名摄影师去拍摄同一个人。他对第一个摄影师说："这个人是位穷凶极恶的罪犯。"对第二个摄影师说："这个人是位著名的慈善家。"在这之后让两名摄影师为这个人拍摄肖像。结果在第一名摄影师的镜头下，这个人看起来目光阴沉，神态刻板，而第二名摄影师的镜头则刻意捕捉了这个人的笑容，并且抓拍到了他柔和的眼神。这个实验表明，若人们对一个人的第一印象是积极的，则在后继相处中人们会更倾向于发掘对方美好的品质，若第一印象是消极的，则会使人在后继相处中更倾向于揭露对方令人厌恶的地方。

美国社会心理学家洛钦斯指出，当我们在与某人进行第一次接触的时候，往往会对这个人形成一个最初的评价，这个评价就是我们对某人的第一印象，而由这个第一印象所产生的一系列的反应，就称为首因偏差。

管理者在进行决策的过程中，也常有类似的情况，如管理者先入为主地认为某位员工具有认真负责的品质，即使该员工以后工作中出现了失误，管理者也会觉得人无完人，更容易包容他的失误。但若先入为主地觉得某员工是个"刺头"，那么，该员工在日后稍微有不良表现，都会加重管理者对他的负面印象。第一印象会牢牢扎根在管理者认知中，在管理者进行个人决策时起到重要作用。

2. 晕轮偏差

晕轮偏差是指某人的某种特征或品质过分突出，像月亮的晕轮向周围弥漫、扩散，掩蔽了事物的总体面貌，导致观察者看不到这个人其他特征或品质。表现在个人决策过程中，因管理者心中对某人或某事存在先入为主的印象，在决策时就容易以点概面、以偏概全。

3. 刻板偏差

刻板偏差是指人们在接触一个人时，常不自觉地按其年龄、性别、职业、民族等特性对其进行分类，在脑海中给予其固定形象，并以此作为判断其个性的依据，把人定性。最常见的定性是在观察某人时，把他归类到某一群体之中，如“高富帅”“女强人”等。管理者在日常管理中，经常会依据员工对待工作的态度、交际水平等把员工分为若干类，从而实施不同的决策。

管理者应当承认，在进行个人决策时，不论如何要求自己理性，还是会以自身的标准和概念来做出判断，这种局限性是个人决策无法避免的。

1.2.2　为什么群体决策备受推崇

群体决策是指由多人共同参与并制定决策的决策方式，它能够充分发挥团体智慧。群体决策一定不是最佳决策，但它之所以能广泛流行，是由于它具备以下优点。

（1）群体决策能集中不同领域专家的智慧，提高决策的针对性。

（2）群体决策能收集更多信息，利用更多的知识优势，制定更多的可行性方案。

（3）群体决策能充分利用团队成员的不同教育程度、经验和背景。

（4）群体决策更易获得普遍认同，决策能更顺利地实施。

（5）群体决策能使团队成员勇于承担风险。相比个人决策，在群体决策时许多人更敢承担风险。

群体决策是折中的、考虑多种因素的决策，它最大的功效是控制风险，而非做出最佳决策。个人决策与群体决策各有利弊，团队在制定决策时，应根据自身发展阶段和需求来选择决策方式，两种决策的对比见表1-1。

表1-1　群体与个人决策的比较

方　式	个人决策	群体决策
速度	快	慢
准确性	较差	较好
创造性	较高 适于工作不明确，需要创新的工作	较低 适于工作结构明确，有固定程序的工作
效率	由任务复杂程度决定 通常费时少，但代价高	从长远看，费时多，但代价低 效率高于个人决策
风险性	视个人气质、经历而定	视群体性格（尤其是领导）而定

团队在创业初期，可以进行个人决策。此时控制风险不是主要任务，争取机会才是。个人决策能快速令团队抓住机会，并且可以令团队快速做出调整。

但随着团队颇具规模后，再进行个人决策就会带来风险，控制风险成为影响决策选择的主要因素。此时管理者远离团队一线，信息获取量变少，但影响力变强，每一个决策影响的范围都变广，可调整的余地则变少，故风险会增大，任何错误的决策都可能是致命的、无法挽回的。这就是大团队为何要群体决策。

但现实团队在经营时往往情况相反。管理者在团队创立初期，会先征求大众意见再作决策；当团队规模变大时，管理者则容易骄傲自满，常常觉得个人决策是正确的。团队越大则越需要管理者集思广益，盈利已经不是大团队的主要目的，控制风险才是最重要的。

1.2.3　用群体决策对抗管理风险

群体决策虽优点明确，但也存在相对弊端，忽视弊端会严重影响决策质量。群体决策的弊端主要表现在以下三个方面：

（1）速度、效率可能低下

群体决策能集中专家的智慧，调动员工积极参与，以民主方式拟定最佳决策方案。但在这个过程中，群体容易陷入盲目讨论的误区，不仅浪费时间，还会导致速度和决策效率降低。

（2）有可能被个人或子群体左右

群体决策的科学性来源于决策成员在决策中的平等地位，在此基础上成员能充分地发表个人见解。但在实际决策时，由于实际地位、能力差距、性格差异等原因，常出现个人或子群体左右决策的情况。

（3）很可能更关心个人目标

在实际决策过程中，各部门的管理者可能会从不同角度看待相同问题，他们往往对各自部门的相关问题更为敏感。例如，就库存水平而言，市场营销经理会认为库存水平高好，将低库存水平视为部门待解决问题，认为是货源紧缺的表现；财务经理则会把高库存水平视为问题，认为货品积压。若决策时忽视这一问题，会使决策目标偏离团队目标而偏向个人目标。

故而在群体决策中，有以下六个影响群体决策的关键问题需要注意。

第一，团队要限制群体决策参与者的数量，并保证参与者的质量。参与者数量过多会使决策过程复杂化，决策人员难以形成共识，5～8 个精英成员是最佳组合。

第二，决策参与者必须全程投入，认真负责。部分决策参与者在进行决策时喜欢“马后炮”，即在该提出意见时不发表意见，但在决策执行后，不论是否出现问题，这类参与者都只会等到结果再表态。若决策时存在此类参与者，管理者应谨慎剔除。

第三，决策参与者的背景要不一致。如部门、专业、年龄等，更重要的是责任要分开。

第四，在群体决策时，要避免决策参与者之间的冲突，如“压制意见”“因人废言”等情况。

第五，所有决策参与者都要充分表达意见。在群体决策时，决策参与者应本着“不批评、不评价、不打断”的原则，尽可能进行“头脑风暴”，大声地表达自己的想法，但应说服而不是命令别人。团体的智慧具有特殊性，它与参与者的参与度关联性极强，决策结果会跟随声音大的决策者走。若在决策时保持沉默，则无法发挥参与者的作用。参与者必须强调自身想法，充分表达。

第六，责任重于流程。某公司一名一线员工因竞争加剧，向区域经理申请在市场投放资源。区域经理签字同意后，向营销副总递交申请，营销副总仅看到区域经理同意便同意了，签字后又直接递交总经理处，总经理见营销副总同意，便也选择同意，后果就是一个一线员工决定了这次资源投放。各层管理对这个决策申请并未讨论，只是走完流程，出现基层人员在团队做出决定的局面。

管理者要做的是维护团队运营的良性与稳定，降低风险是管理者要优先考虑的，在此前提下，群体决策是最佳选择。

1.3 决策从来没有“正确答案”

决策是对管理者判断力的考验。“现代管理学之父”德鲁克说过，“正确答案”不是决策的核心，通常情况下决策不存在正确答案。决策的核心是基于对问题的认可，调动团队的精力、想象力与资源采取有效的行动。

1.3.1 集思广益的日式决策

普遍来说，当收益大过风险时，管理者就应该进行决策。不同文化价值观会影响对收益大于风险的程度的判断。

受日本文化的影响，日式决策的过程会相对漫长。“50% 的时间决策，30% 的时间执行，20% 的时间总结”，决策相对缓慢，但行动迅速是日式决策的特点。

近代中国人受西方的理念的影响，逻辑思维习惯偏西式，在决策时更强调决策的程序性。西式思维对决策所针对的问题不感兴趣，认为没有什么是不可决策的，只寻求理想的答案。日式的决策偏好先明确决策的目的，而不是决策的正确程序。它与西式决策的区别在于，它强调最初要对问题进行界定，明确决策在针对什么问题以及是否有必要开展决策过程。即决策的必要性优先于决策的程序性。

日式决策以问题的界定为前提，一旦问题变化，决策就需要随之改变，因此需要事先准备替代方案。西式决策旨在寻找答案，不会准备太多替代方案，相对日式决策要呆板一些。

由于日式决策优先关注问题的界定，对问题界定的不同意见会让决策呈现“群策群力”的局面。不同的意见就是日式决策产生不同替代方案的源泉，这种集思广益的决策方式能避免决策上的疏漏。西式决策主要由高层决策，决策速度快，但收到的意见与信息有限，容易造成决策疏漏。

两种模式各有利弊，但管理者要明确，选择的关键不是哪种模式更好，而是哪种模式更贴合团队实际。日式决策花费大量时间的目的在于让决策者以及执行者理解决策的意图和要点，达成决策即达成共识，因此可以做到迅速执行。这等同于将人员磨合由执行阶段提前到决策阶段来完成。日式决策更适用于方向性和目的性都明确的问题。相反，西式决策很快，但执行阶段的人员磨合期需要耗费大量时间。

故而对方向性和目的性不明确、成功率无法预测的事情，无法使用日式决策，因为有时候问题是无法真正清晰地被界定的。在此种情况下，是有 90% 的把握开始决策，还是 60% 的把握就开始决策，其结果是大相径庭的。而一旦管理者过于注重风险预测，就等同于相信风险可控。而实际上当收益大于风险时，就应迅速决策，切忌因等待而错失良机。

对大多数传统行业来说，是需要 90% 以上的把握才能进行决策的，因为传统行业的不确定因素相对较少，流程相对可控。但新兴行业的不确定因素较多，因此不能过于强调把握大，才进行决策。对新兴行业，管理者应将该行业的可控、不可控因素全部列出来再分别处理。管理者应尽可能地将不可控因素缩到最小范围，并在决策过程中牢牢监视，而对于可控因素，尽可能按照流程来严格控制。

1.3.2　如何减少决策失误的损失

尽管科学决策对团队极其重要，但管理者仍要知道，没有真正完美的决策。受团队内部条件和外部环境的影响，任何一项决策在实施过程中都存在着失败的风险。面对决策失误的情况，管理者必须迅速采取措施，稳定局势，将损失降到最低。

以某公司旗下的游乐园为例，该游乐园在法国建立半年后，在每月 100 万人的客流量下，依旧每天亏损将近数十万美元。是什么导致了这个局面？原因是该公司管理者的错误决策，包括建设成本过高、淋浴卫生间设置过少、误认为法国人不在饭店餐厅食用早餐以及各部门之间对运营措施各执己见等，最致命的是高层管理者与员工之间关系极其糟糕，高层管理者自认优秀，经常将想法强加于员工。欠妥的设施、员工低落的士气、与游客生活习惯相悖的服务等因素使得法国游客纷纷远离这个“童话乐园”。

而面对门庭冷落和巨大亏损的情况，高层管理者终于痛定思痛，采取了四个措施挽回决策的失误，见图 1–2。

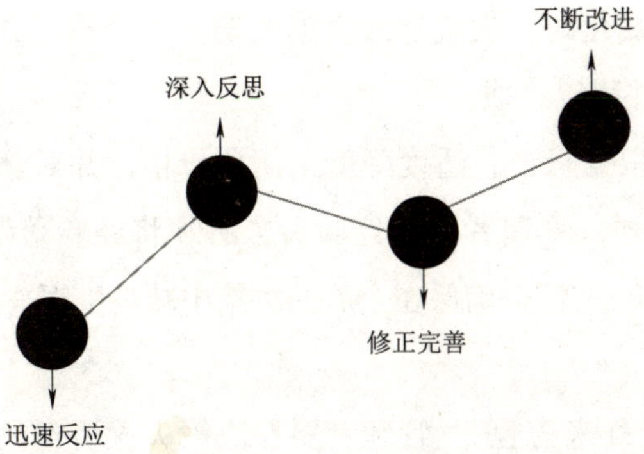

图1-2　某公司对决策失误采取的措施

1. 迅速反应

一旦决策在执行过程中出现不足和错误，必然会给相关工作带来负面影响。这些不足和错误若发现及时，影响就还可控，倘若发现太迟，后果必定十分严重。因此，在这种情况下，团队内部坚决不能互争对错，推脱责任，而是应立即停止执行错误的决策。该公司管理者在意识到自己的错误决策后，立即召开会议，次日起开始为园内游客提供早餐，并搭建临时户外卫生间。同时，针对各部门不和谐的问题，管理者单独找到各部门负责人，对他们进行了思想工作，并要求他们，针对部门员工宣传合作思想。在这番及时操作下，游乐园的口碑终于有所提升。优秀的管理者一定要理智处理决策失误问题，切不可使负面影响扩大。

2. 深入反思

在及时止损后，管理者必须对失误决策进行深入分析，反思失误的原因。在这个案例中，属于管理者主观方面的失误：忽视游乐园建设的预算，高层管理者将自身想法强加在员工身上。管理者在制定决策时，若主观方面对决策目标缺乏重视、不遵从决策程序或决策之前缺少调查、没有深度、不集思广益、一意孤行等，都会导致决策失误。至于客观方面，当决策手段不能适应环境变化时，就会导致决策失误。不论是哪方面原因，管理者都应当深刻反思并引以为戒。

该公司最终根据行情，适度降低了门票价格，并对新一季度的市场预算进行了二次规划，管理者总结经验后，必须将经验落实到决策实践中，做到“吃一堑，长一智”，确保在今后的决策中减少失误，避免再犯。

3. 修正完善

“悬崖勒马，犹未为晚”。管理者要在决策失误后对决策深入分析，认真吸取教训、集思广益，立足实际基础和新的要求，对原有决策方案进行修正与完善。决不能因为二次决策就草率对待，要做到对团队和自己负责。

此外，决策的修正要视原决策的失误程度而定。若原决策仅有部分缺陷，可在此基础上对其进行局部修正、完善与补充。若原决策完全不对，则应该“另起炉灶”，重新拟定。

4. 不断改进

虽然危机已经解决，但该公司依然在游乐园和办公楼内都设置了大量“小矮人建议箱”，采取匿名制投建议。这一制度使得游乐园运营中的许多问题及时地被发现，并得到及时解决。游客和员工，管理者和公司都在这方法下受益。

管理者必须及时发现并解决决策执行过程中的突出问题，确保新决策迅速、稳定地执行。在执行过程中若出现考虑不周的情况，管理者应主动承担责任，及时做出调整；若决策执行者的执行方法存在问题，管理者要给予耐心指导。但不必对执行过程全程把控，抓住关键问题即可。

失误本身并不可怕，可怕的是面对失误时管理者的逃避态度。决策失误其实在所难免，只有对其保持清醒、理智分析，团队才能良性、有序地发展。

此外，为了规避决策失误，管理者一定要强化打造团队应具备的“五大意识”。

1. 责任意识（Sense of Ownership）

管理者的工作无论大小，都对团队发展的最终结果影响重大。对于分内工作，管理者自身即全权责任人（owner），只有尽力将其做好，团队才能得到最好的结果，因此管理者必须具备主动责任意识。

2. 行动意识（Sense of Execution）

管理者必须具备利落的执行（execution）特点，再好的想法，只有开始并持续执行才能实现。

3. 结果意识（Sense of Result）

管理者须知，没有结果的努力无法被认同。工作启动后，事后谈论便失去了实际意义。因此，管理者必须具备结果意识，在决策前做好准备工作。

4. 团队意识（Sense of Team）

在团队中，管理者的个人成败与团队成败息息相关，而失败的团队中没有成功的个人。不仅是管理者，实际上团队要求全体成员都要具备协作精神，以此节省管理者在协调内部矛盾上浪费的时间。

5. 专业意识（Sense of Professionalism）

管理者的面貌与修养代表着他所在的团队。整洁的面貌、有条理的行为及严谨的沟通方式等都是对团队属性的诠释，作为管理者必须具备专业意识。

第 2 章
设置目标：立足全局，明确发展方向

团队各项活动所要达到的总体效果称为团队目标。它是团队能凭借努力而实现的规划，能为员工和团队的前进提供指引。在设立目标时，团队需要从全局状况出发，采用科学方法设置清晰、明确的目标，使目标和发展方向一致。

2.1　目标分类：两种技巧的运用

团队的目标种类繁多，目标之间存在着形式、内容、层次等方面的联系与差异。团队可根据目标横纵方向的差异，从时间、职责、人物方向来分类或通过经营、管理、工作方面的性质差异来分类。

2.1.1　按照时间线、职责线、人物线分类

按照横纵方向的差异，可将团队目标按时间线、职责线或人物线来划分。

首先是纵向的时间线。团队目标可以按照时间的长短跨度来分为三类，见图 2−1。

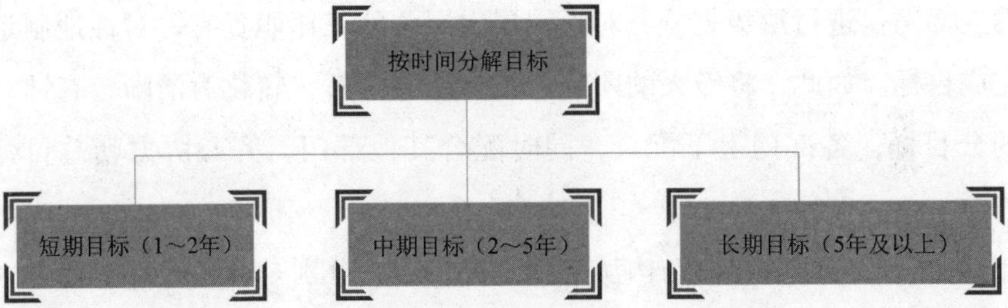

图2−1　按照时间长短跨度分解目标

1. 短期目标

短期目标是指团队希望在 1 ~ 2 年内达到的目标。它将团队中期目标和长期目标具体化、现实化，使中、长期目标具有可操作性。短期目标在三者中明确性最高。

2. 中期目标

中期目标是指团队希望在 2 ~ 5 年内达到的目标。它是指在特定的目标

体系中被长期目标所制约的子目标，是达成长期目标的一种阶段性目标。

3. 长期目标

长期目标是指团队希望在 5 年内及以上达到的目标，它是团队通过实施特定战略后期望达成的最终目标。

首先，管理者需清楚，各行业、各团队的长短期计划都不同，目标期的长短是相对的，绝不能一概而论。例如，小型社区商店的两年期目标就算长期目标，但同样是两年期目标，对一家煤矿公司来说，就算短期目标了。

其次是按职责的不同将总目标分解至团队各层级、各部门。

团队是由团队内各个职能部门组成的，部门之间分工明确，各司其职。在按职责划分总目标时，管理者需要先对团队的总目标进行分析，明确各部门的职责与使命，依据使命确定该部门的目标，再根据岗位类型对各部门的内部岗位进行层级划分，对不同层次岗位的工作职责有针对性地制定待完成目标。如此，将宏大的团队总目标层层分解，转化为清晰、有针对性的分目标，各部门上下配合，同时配合其他部门，齐心协力朝总目标前进。

例如，某部门的岗位结构从上到下分三层，分别是部门经理—业务主管—业务员。部门经理的职责是管理整个部门，协调部间关系，使部门价值得到体现；业务主管的职责是传递部门经理的消息，使团队上行下达，并负责具体业务；业务员的职责就是认真执行工作并及时反馈，以完成具体工作为主。

管理者在按职责分解目标时，必须针对不同层级岗位的特性并结合工作职责确定分目标，使分目标上下协调，层层紧扣，使部门目标与岗位目标协调配合，达到最优效果。

最后是按人物线进行目标划分。

在按人物线划分总目标时，一定要遵循“分解总量时，下级的分量之和应大于或等于总量”的原则。

某公司董事会给销售部经理下达了 1 000 万元销售额的年销售任务。该经理管理 5 个员工，分别负责北京、东南、西南、西北和东北地区的销售。1 000 万元销售额平摊给 5 位员工，每人 200 万元。但若经理下达 200 万元的任务，只要其中一个员工未达到销售额目标，就达不到总销售额的要求量。故经理在分配任务时，加大了每个人的指标，变成 5 个人每人 300 万元，加起来就是 1 500 万元。这样哪怕有人“掉队”，总的任务还是能完成。

管理者实施目标分解时，还应注重不要发生遗漏和重复问题，同级员工应分工平均而明确。

以下流程可供管理者在按人物分解目标时参考。

1. 管理者阐述团队和自身工作目标

例如，市场部的销售额任务是 1 000 万元。销售部经理则需要开会向员工说明上次为何下达 1 000 万元的任务，员工又为何每人拿到 300 万元的销售任务等。

2. 员工自拟工作目标，并与管理者共同讨论

员工要在倾听管理者意见后提出问题和看法，然后部门共同探讨。例如，负责西北地区的员工觉得 300 万元的任务在北京这种繁华地区相对容易完成，但在西北地区，300 万元的任务相对来说困难就比较大了。

3. 双方经协商后确定工作目标协议

经过部门内部协调和对实际情况的调查和研究，员工和管理者达成一致看法，将北京地区销售额调整为 400 万元，西北地区为 200 万元。

4. 管理者明确目标考核标准

最后，管理者需要明确规定销售额考核标准，督促员工完成目标任务。比如，设置销售业绩中期考核，规定销售额完成时间等。

2.1.2 性质差异：经营目标 + 工作目标

团队目标可按各目标的性质差异进行横向划分。

经营目标是指团队预计在一定时期内依靠相关的生产与经营任务达成的效果，具有终极性、整体性和客观性，在客观上制约着团队行为。团队经营目标是基于团队外部与内部环境而制定的，它决定着团队的发展方向并将团队经营思想具体化。

经营目标不止一个，各经营目标之间相互关联，形成一套完整的目标体系。其中包含经济目标与非经济目标，目标之间分主次。它的侧重点在经济收益和团队发展方向两方面。经营目标能使团队在一定时期与范围内适应环境，令团队经营活动连续、稳定。

不同的团队的经营目标各不相同，例如，惠普公司中国方面有三大目标：培养一流国际人才、提供全面创新服务、与中国共同成长。

一个团队的发展战略体现在它的长期经营目标上，而长期经营目标绝不该仅限在销售额、利润这种片面目标，这如同谈到个人成长只想到身高、体重的变化一样狭隘。团队长期经营目标不但要包括发展目标、竞争目标，更要包括员工发展目标、职工待遇福利目标、社会贡献目标等。

工作目标能使各层级、各部门员工对岗位责任与工作重点的认识更加明确。设定工作目标能衡量员工工作范围内的一些难以量化的关键任务，对于团队部分员工来说，虽然他们的工作对于团队整体的成功起着关键性作用，但却不能由绩效指标来衡量，比如管理者的管理工作，无法像一线员工那样有业绩要求。工作目标能弥补指标所不能反映的方面，更全面地反映员工的工作表现。当绩效指标和工作目标相互结合，管理者就能更加清晰全面地了解团队价值的关键驱动活动。

2.2 管理者设置目标的方法

设置目标是一个相当复杂的过程，常见的方法有自上而下法和自下而上法，管理者可根据团队的综合情况，采用科学方法设置更加合理的目标。

2.2.1 自上而下设置目标

自上而下设置目标是指由管理者制定工作目标，然后再逐级分解给各个店铺、各个小组、各位团队成员的方法。

对于那些不太了解精细化管理的管理者来说，他们在制定目标时，采用的都是相同的路数。首先确定一个目标，然后命令下属把目标分解到每位员工身上。

但是这样制定目标真的正确吗？是，但也不全是。

在制定目标的时候，除了销售额这个层面，还要综合考虑市场、产品、效益、客户等层面。所以，除了销售额、销售量目标以外，还应该制定市场占有量目标、增加客户数量目标、老客户回购率目标、客户满意率目标、产品效益目标等。

因此，制定目标是一个比较复杂的工作，无论公司规模大小，管理者要想做到目标化管理，就应该把上述层面全部考虑进去，实现目标的全面化和体系化。

也有些管理者想要制定一个更加科学的目标，这时他们就需要先分析上一年度的问题，找出原因，然后再综合考虑各种因素（市场容量、市场竞争情况、政策发展方向、公司战略、产品情况等），最后制定出一个合理的工作目标并分解下去。

那么，自上而下具体应该怎么分解呢？有以下六种方法。

1. 团队员工的分解

部门的总目标制定好以后，应该先分解给团队的每个成员。

2. 各级市场的分解

大规模公司的经营范围非常广，甚至可以遍布全国，这时，目标就要分解到各个省、各个市、各个区。它们各自需要完成多少目标？重点地区、非重点地区分别是哪些？存量地区分解多少？开发多少增量市场？这些都是管理者应该要考虑的。

3. 客户方面的分解

各级的经销商、代理商应该分解多少？老客户的数量增加或减少了多少？增加了多少个新客户？除此之外，还要分析客户的结构：大、中、小客户的数量分别是多少？他们在总量中的占比分别是多少？这些数据管理者一定要明确。

4. 产品方面的分解

产品的分解包括很多方面，比如销售情况、销售比例、产品的库存、重点产品及目标额、新产品的铺货率、销售量等。

实际上，这样的分解还不够细化。管理者最好能够了解每一位客户的消费需求，为每一位重点客户量身定制一份年度购物计划表，计划表中的数据目标一定要明确、清晰。

5. 月 / 季 / 年的分解

月度、季度、年度目标应依据上一年的月度、季度、年度目标制定，以数字形式体现，把年度目标分解到季度，再进一步将季度目标分解到月度，落实到团队每一位员工身上。

6. 利润的分解

当管理者完成上述分解任务后，就可以把目标分解表交给财务部门，由财务部门计算出目标可以获得的利润。如果没有问题的话，就可以提交给上级，要是出现利润问题，调整之后再提交上去。

在制定目标时，财务部门的作用千万不能被忽略。要是没有相关数据的支持，再厉害的管理者也无计可施。因为公司是一个整体，人力资源、财务、制造等部门都有各自存在的意义。

2.2.2　自下而上设定目标

自上而下法虽然是一种传统的目标分解方法，但和自下而上法相比，后者具有更多优势，也更符合现代化管理的潮流。自下而上法是指团队成员制定好目标，然后再逐级向上报告，最后汇总成工作目标的方法。目前，自下而上法正在被越来越多的公司采用，主要是因为它具有以下三方面的优势。

1. 可以提高员工的工作责任感

如果由管理者制定工作目标，员工会认为目标是管理者意志的体现，他们只是被动的接受者，这会让他们有被强迫的感觉，在完成目标的时候往往会不甘不愿。

而自下而上法首先要征求员工的意见，他们可以自己做主，从而提高了目标的主观能动性。通常人们对主动争取的东西有着一种强烈的责任感，并且愿意为它负责。

同样，管理者如果让员工自己制定和分解目标的话，他们也会对这个目标负责，会尽自己最大的努力去完成。

2. 便于员工管理

工作目标一般都是逐年递增的，而且管理者通常都希望完成的工作越多越好，所以制定出来的目标难免过高且不切实际。如果把这样的目标分解给员工，他们肯定会抱怨。

在这种情况下，员工们会找出非常多的理由，例如，产品吸引力不够、销售人员数量太少、市场竞争太大、销售策略不合理等，一定会给管理者的管理工作带来非常多的麻烦。

如果让员工自己制定目标的话，管理者只需审核目标是否合理并提出建议。例如，员工制定的目标过低，管理者可以提议向其他员工的目标看齐；员工制定的目标过高，管理者可以建议他认真分析产品的市场情况及以往的销售情况，重新制定目标。

让员工自己制定目标能让管理者对自己的员工有更加透彻的了解，有利于更好地管理员工，完善管理工作。

3. 更好地了解市场和消费者情况

制定目标不是简单地罗列数字。这个目标不管是管理者来制定，还是员工自己来制定，都必须有科学合理的依据，例如，销售地区的客户数、销售阶段（淡季还是旺季）、市场竞争情况、消费者需求情况、消费者结构等。

在员工自己制定目标的时候，由于他们对上述因素最为了解，所以提交的数据最能反映出市场和消费者的真实情况。通过这些数据，管理者可以更好地了解市场和消费者情况。

既然自下而上法有这么多的优势，那么管理者应该怎样去使用这种方法呢？这就需要大家掌握以下四个步骤。

第一步：员工自己制定

员工根据自己以前的工作情况以及目标完成情况，制定出与自己相符的工作目标（包括月度目标、季度目标、年度目标），然后再制定每位客户、每种商品的目标，制定好以后交给自己的领导。

第二步：逐级向上报告

员工将自己的目标提交给组长，组长再提交给经理。经理需要对员工提交的目标进行分析，并做一些适当的调整，然后再提交给部门负责人。这样一来，就实现了目标的逐级上报。

第三步：明确目标

部门负责人在得到各个级别的工作目标后，要对其进行细致分析，判断这些目标是否符合公司战略，有没有达到公司总体目标。如果存在偏差，部门负责人应该对这些目标进行全面的调整，并上报给董事长审核批准。

第四步：确定目标

把最后确定好的目标分解到每位员工身上，让经理、组长、员工签署目标责任书，正式确定自己的目标。

在现代团队管理中，自下而上法已经变得越来越常见，管理者应该加以重视。而且每位管理者都应该把自下而上法的步骤掌握好，争取制定出更加合理的目标，并把目标更好地分解给每位员工。

2.3　目标清晰化的管理模式

清晰的目标是科学管理的前提。在这个基础上，管理者要在管理过程中始终明确目标管理正处于何种阶段，明确每个阶段自身的对应角色及责任，才能客观、科学地进行团队管理。

2.3.1　领导在目标管理中的五种角色

由于管理阶段的不同，管理者在目标管理中会充当五种角色，分别是“合作伙伴”“辅导员”“记录员”“公证员”和“诊断专家”。

1. 合作伙伴

“合作伙伴”关系能将管理者和员工的关系统一到目标上来，这种关系是目标管理的创新和亮点。在这种关系下，二者目标一致。管理者的目标透过员工的目标体现，其工作借助员工的工作完成。双方风险同担，利益同享，一同进步和发展。

在二者共进退的情况下，管理者必须承担与员工沟通工作任务、目标等问题的责任和义务。管理者与员工必须在充分理解和认同团队规划与长期目标的基础上，对团队年度目标进行分解，管理者要结合员工的职位与工作特点，与员工共同制定其年度目标。

在目标制定前，管理者应与员工明确以下内容：

（1）员工适合的工作；

（2）员工的工作完成质量；

（3）员工完成工作所需的时间；

（4）员工完成这些工作所需要的知识与技能，以及在此过程中得到的培训与提升；

（5）管理者为员工提供的支持与帮助，以及能为员工扫清的障碍。

通过明确这些内容，管理者与员工达成一致目标，员工才能有目的性地工作，管理者才能有计划地实施管理，为管理过程建立一个良好的开端。

2. 辅导员

制定目标后，管理者的工作变为指导、协助员工实现目标。

管理者应当清楚，目标普遍会略高过员工的实力，在实现过程中出现障碍和挫折在所难免。并且由于市场环境变化迅速，团队的经营方针、策略也会随之变动，员工目标需要随着这些情况进行调整。管理者应与员工共同面对这些状况，前者发挥自身作用，利用自身影响力为员工提供帮助，与员工保持及时、有效、具体、真诚且有针对性的沟通，想方设法帮助员工获得工作所需的知识、技能和经验，使目标朝积极的方向发展。

管理者还应牢记，这个管理过程的核心是沟通。沟通包括积极沟通和消极沟通。一切优质的想法、建议与计划，离开了与员工的沟通都会变成管理者的空想。

沟通的目的是传递信息，积极沟通则能有效传递信息。管理者给予员工及时的赞美和鼓励或在员工表现不佳时予以真诚的指点，在员工失意时及时地鼓舞其内心，都属于正面沟通。

消极沟通的表现形式通常为责骂、恐吓、打压等。消极沟通使员工内心充满恐惧、失落和抵触，导致沟通背离原本目的。只有信息传递到团队的每一位员工耳中，并且员工能正确地理解管理者的意图时，沟通才是成功的。

出色的管理者应将辅导员工视为个人的职业修养，遵守职业道德，将沟通贯穿整个管理过程，对员工和团队始终负责。

3. 记录员

目标实施到一定阶段就需要管理者考核、评定。此时管理者的角色就变为“记录员”。这个管理阶段有一个重要原则，叫“没有意外”，即在考核时，管理者与员工对考核的结果看法相一致。

但在实际考核中，管理者与员工常因考核结果而发生争吵。为了避免争吵，许多管理者甚至开始回避考核与反馈。造成这种局面的主要原因是考核数据缺乏说服力。没有考核数据、考核数据不够准确、实际记录数据和员工自己记录的数据有出入，都会造成员工内心存疑。

要避免此类情况，管理者必须认真当好“记录员”，在不影响员工办公的前提下走出办公室，切身观察、记录下员工表现的细节，建立一套管理文档作为考核的依据，使绩效考核准确清晰，公平公正。

4. 公证员

目标管理体系中，对管理者和员工都很重要的一个环节就是考核。它是管理实施一段时间（通常是一年）的一个阶段性总结。管理者要综合员工各方面表现对员工做出评价，表扬其长处，指出其短处，考核结果也是团队在薪酬管理、培训发展等方面进行人事决策的重要依据。所以考核过程必须公平、公开、公正。

在考核环节里，管理者不仅要当好考官，更要站在第三者的角度，作为“公证员”来进行考核。员工的考核结果其实早已由他们的日常工作表现所决定，管理者只需保证考核的公平与公正即可。

5. 诊断专家

团队中不存在完美的目标管理体系，任何目标管理体系都存在缺陷，都有改进空间。管理者需要在考核结束后，真诚、细致地与员工进行沟通，对之前的目标管理流程进行细致分析，找出当下管理体系的不足，提出改进方法，做目标管理的“诊断专家”。

团队上下思想统一，各司其职，各负其责，团队才会迅速朝团队目标前进，快速成长与发展。

2.3.2 目标与经营策略保持一致

目标是团队对发展的规划，指引团队和员工的前进方向。

但目标通常过于理想化，一个只有目标的团队是无法发展的，所以除了目标，团队还需要策略。制定策略要求团队既考虑前进方向，又考虑现实阻碍。市场环境往往瞬息万变，虽前进的方向不变，策略却要依据市场环境的变化不断作出调整。

策略是在妥协与坚持之间找到最佳利益平衡点。它是团队为实现目标，在竞争环境中根据内部条件，针对团队生存、发展的种种问题所制定的较长时期的、总体性的谋划与措施。

经营策略不是一成不变的，它必须与团队的内部条件、外部环境同步变动，并在变动中保持与经营目标一致，才能让团体成员朝着既定方向正确前进。

团队在制定策略时，必须遵从以下原则，使策略和目标始终保持一致。

1. 整体性原则

整体性原则要求团队在制定策略时将团队的整体发展当做目标，所制定策略要规定团队的发展方向和整体行为，并制约、指导团队各层级、各部门的经营活动和管理行为。

2. 长期性原则

长期性原则要求团队在制定策略时，立足在团队发展方向的基础上，通过调研预测和科学策划，对团队在较长时期内的发展目标、发展方针进行规定，为团队谋求长远利益。所制定策略既要兼顾团队现实，又要对只顾“当年红”而滥用资源的短期行为进行制约。

3. 权威性原则

权威性原则要求团队在制定策略时，以施展战略整体功能为指向，对团队的战略对策、战略目标和战略重点进行规定，对团队全部的经营活动和管理行为起到纲领性指导作用。

4. 竞争性原则

竞争性原则要求团队在制定策略时，以市场占有率为指向，为团队制定排除风险、寻求机会和与对手争高低的策略，谋求主动竞争，提高团队整体竞争能力，令团队在市场的激烈竞争中不断成长，持续发展。

5. 适应性原则

适应性原则要求团队在制定策略时，以外部环境的变化为指向，在保持相对稳定的前提下，与市场环境同步变动并做出必要调整。所制定的经营策略要确保团队经营战略目标始终能适应市场环境变化，并保持良性循环，见图 2–2。

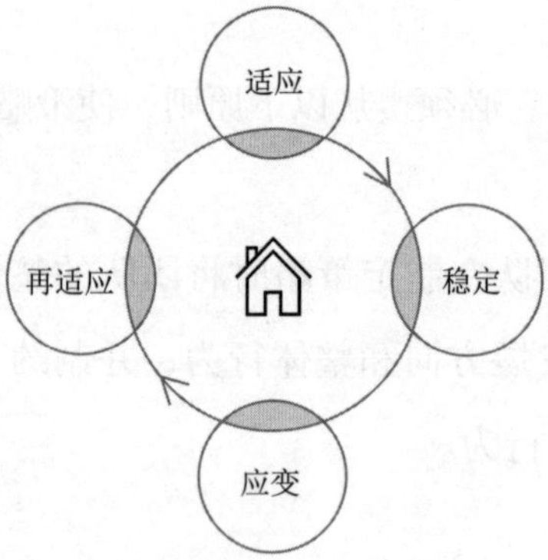

图2-2 团队经营策略的良性循环

2.3.3 管理者必备知识："SMART"原则

SMART 原则由管理学大师 Peter Drucker 提出，最开始出现在他的著作《管理实践》（*The Practice of Management*）中。根据 Drucker 所说，一位优秀的管理者应该懂得如何避免"活动陷阱"（activity trap），不会只顾低头拉车，忘了眼观六路，耳听八方，从而忽视了自己的主要目标。

在团队管理中，目标不是抽象的，而是用来衡量工作的标准；目标必须有能够转化为具体、细致的小目标和具体详细的工作安排的可操作性；目标必须能把各种有用资源和努力集中于一起；目标必须多建立几个，而不是一个就足够了；目标必须是影响团队发展的各个关键领域的不可或缺的因素之一。

以上所提到的几个方面恰巧符合 SMART 原则。该原则可以分为五个要素，见图 2–3。

1. 明确具体的

目标必须是明确具体的（specific）。制定的目标要切中特定的工作环节，不能模糊不清。明确具体的目标，是指要达成的行为标准必须由具体详细的语言阐述出来。几乎所有成功的团队都具有一个好的目标。而很多团队没有取得成功的重要原因也正是因为制定的目标不够明确具体，态度模棱两可。这样会导致员工在执行目标时，缺少一个明确的方向。或者是因为上级没有将明确的目标传达给自己的下属，使得一些工作无法正常进行。

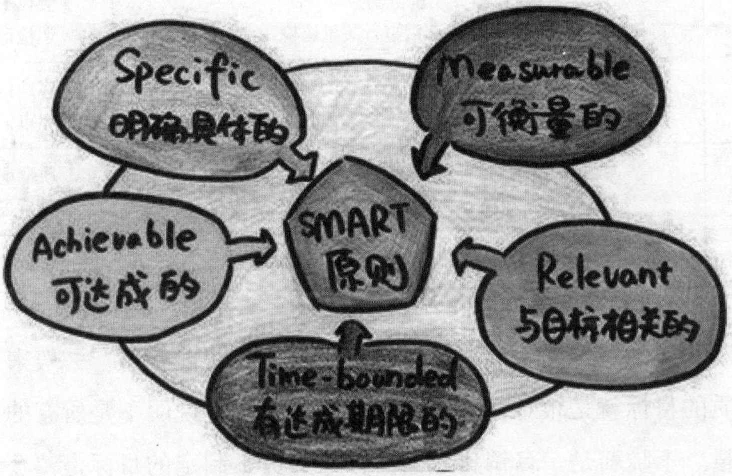

图2–3　SMART原则

张立东为自己的下属制定了一个小目标：今天要完成 50% 的工作量。这个目标虽然有数字，看起来也挺具体，但实际上不是这样。50% 的工作量是一个概数，并不是很具体。我们可以这样修改“今天要完成第一项任务 50% 的工作量”，这样就可以让目标具体而且明确了。

2. 可衡量的

目标必须是可衡量的（measurable）。制定的目标必须数量化以及行为化，可以清晰获得验证绩效指标的有效数据或者信息。制定的目标明确而不模糊是衡量性的基本标准。在衡量是否达成目标时，要有一组明确的数据作为参考。

例如，某公司为员工设置的目标只是一个概数，根本没有办法衡量，那么当该公司把目标量化以后，在进行评估的时候就变得有据可依，见表 2–1。

表2–1　某公司目标转化

维度	目标转化描述	考核依据
数量	每月召开质量协调会议一次 每周都要对重点部门进行质量巡检 × 次	会议记录 巡检记录
质量	产品质量达标率要在 ×% 以上 质量管理体系年审复核通过	客户评议 年审记录
时间	出现的任何质量问题，都必须在 × 天内解决 每月 × 日上交本月质量分析报告，报告复核要求	质量记录 分析报告
成本	质量造成的损失必须控制在 × 元以内	财务统计

判断制定的目标是否能实现，取决于目标是否能衡量。一般来说，大方向性质的目标就是很难衡量，这也在一定程度上说明不是所有的目标都可以衡量。李晓莉是一名销售总监，曾经为员工制定的目标是“今天要拜访 2 家企业，完成 1 个团队建设方案。”这个目标就是可衡量的。以后在进行考评时，也有了相应的依据。

而某总经理为下属制定了这样的目标：“这个月大家要制作出一些有效的营销方案”。其中，“一些”和“有效”都没有明确的衡量标准，也无法作为考评的依据。所以这样的目标是不对的，也不够精准。

3. 可达成的

目标必须是可达成的（achievable），即制定的目标可以通过努力得以实现。管理者一定要避免设立过高或者过低的目标。如果管理者为了达成自己的利益，使用不适当的行政手段，把自己制定的不符合实际情况的目标强加于员工身上，那么就会造成员工在心理或者行为上的抗拒，从而取得适得其反的效果。而且在执行目标时，员工的工作效率也会降低。

有一个终端零售门店，门店整体的规模不大，单件产品的价格不高，客流量也不多，领导却把月总销售额定为 200 万元。考虑到门店的实际情况，领导设置的目标过高，员工不仅达不成，还会失去信心。因此，管理者一定要根据实际情况制定目标。

4. 与目标相关的

目标不是独立的，要和其他目标具有一定的相关性（relevant）。管理者制定的目标要看得见摸得着，这样才可以对目标的达成情况进行证明与观察。目标的相关性是指定制的目标要和其他目标具有一定的相关性，否则就算实现了单一的目标，意义也并不是很大。

5. 有达成期限的

目标的达成期限必须明确而清楚（time-bounded），即目标要有一定的时间限制。管理者应该特别注重目标的达成期限。倘若目标没有时限性，将会导致考评的不公正，也很可能会伤害员工的工作热情。例如，“完成 100 万元的销售额”这个目标就没有具体的时间限制。管理者必须把“员工应该在什么时间完成这个目标”说明白，否则会影响目标的达成。

第 3 章
分解目标：基于目标将任务细分

目标分解是形成目标体系的过程，具体就是将团队的总目标按纵向、横向或时序的路径，分解到团队各层级、各部门和每位员工身上。它是明确目标责任的前提，是实现团队总目标的基础。

3.1　管理者如何分解目标

管理者在分解团队总目标时应采用科学方法，严格遵从分解的五项原则和两种形式，确保分目标服从于团队总目标，并确保分解后，目标完成率能得到提高。

3.1.1　目标分解的五项原则

为使分目标与总目标步调一致，清晰、准确地指导团队运行，管理者在进行目标分解时应遵循目标分解的五项原则，见图 3–1。

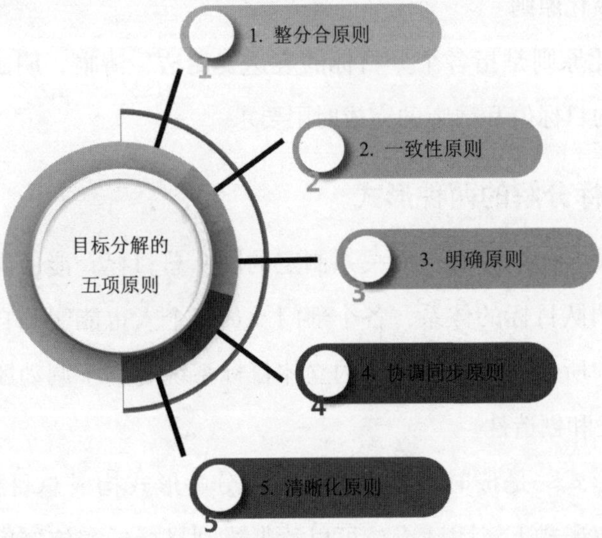

图3–1　目标分解的五项原则

1. 整分合原则

整分合原则是指将团队总目标分解至团队的不同层次、不同部门，各个分目标要服务于总目标并体现总目标，保证总目标能实现。

2. 一致性原则

一致性原则是指团队各个分目标要与总目标方向一致，分目标的内容应上下连贯。

3. 明确原则

明确原则是指团队在分解目标时，需明确各个分目标实现的所需条件及限制其实现的因素，如技术需求、资源需求、经济需求等。

4. 协调同步原则

协调同步原则是指各个分目标之间在内容、时间方面要做到协调、平衡，做到同步发展，不干扰总目标的实现。

5. 清晰化原则

清晰化原则是指各个分目标的表达要简洁、清晰、明确，在制定时需要有具体的目标值和清晰的完成时限要求。

3.1.2 目标分解的两种形式

同时按时间顺序和空间关系制定的团队总目标，能使团队各层级员工明确了解团队目标的体系，各个部门及员工个人也能明确自身目标在团队目标系统中所处的地位，这样的立体目标系统有利于调动团队成员的积极性、主动性和创造性。

分解形式一是按时间顺序分解。该分解形式构成总目标的时间体系。在此种分解形式下，团队成员可以清晰辨别目标的实施进度，对进度随时检查和控制。

分解形式二是按空间关系分解。此分解形式又分为以下两种。

（1）纵向分解，即按管理层次分解。按团队管理的层次将总目标逐级分解到每一个管理层，部分目标可直接分解到员工个人。

（2）横向分解，即按职能部门分解。按团队的部门职责将总目标分解到有关职能部门，此种分解方式构成总目标的空间体系。

3.2　新型工具：逐级承接分解法（DOAM 法）

逐级承接分解法为管理者分解战略目标提供了系统程序，在合理运用的情况下能够帮助管理者科学、高效地分解战略目标。

3.2.1　DOAM 法的内容

逐级承接分解法是由“现代管理学之父”德鲁克提出的，它能够帮助管理者进行战略目标的分解。它有四个维度，分别是行动方向（direction）、目标（objective）、行动计划（action）、衡量标准（measure），四个维度共同衡量一项工作，见图 3–2。

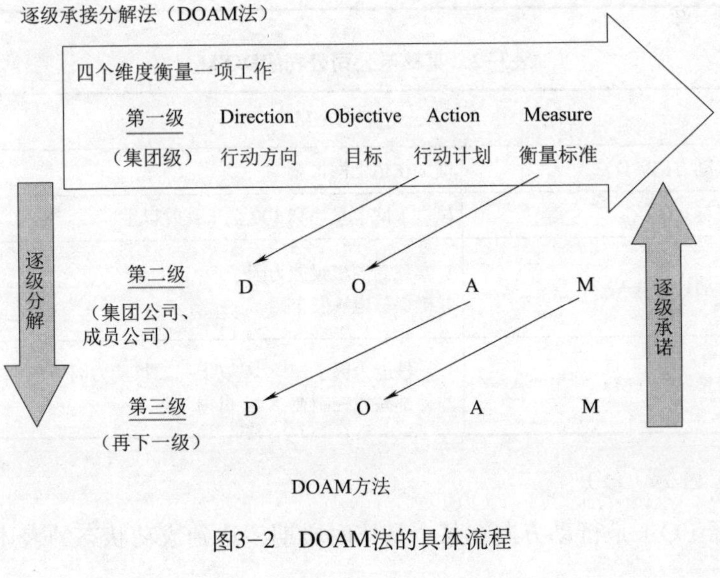

图3–2　DOAM法的具体流程

（1）行动方向（D）

行动方向是清晰的战略意图或战略任务，一般为“动＋宾”结构，下一级的行动方向（D）是上一级的行动计划（A）。某核电公司的集团级的行动计划（A）是增加核电上网电量，那么该公司的公司级行动方向（D）就是增加核电上网量，见表3–1、表3–2。

表3–1　某核电公司集团级DOAM

集团级 DOAM	
行动方向（D）	保持企业经营增长，完成国资委考核目标
目标（O）	于5年内解决5亿～10亿元的利润缺口，实现满分目标（一个行动方向可对应多个目标）
行动计划（A）	增加核电上网电量 电价获得提升 加强成本控制
衡量标准（M）	核电上网电量达到300亿千瓦时以上 核电内销电价实现统一电价（0.429元/度） 建立成本控制考核机制

表3–2　某核电公司公司级DOAM

公司级 DOAM	
行动方向（D）	增加核电上网电量
目标（O）	核电上网电量达到300亿千瓦时以上
行动计划（A）	1. 实现高的机组能力因子 2. 确保核电满发上网
衡量标准（M）	1. 一核能力因子在××以上；二核能力因子在××以上 2. 外部减载控制在××以内

（2）目标（O）

目标（O）是行动方向在某个具体时段期望达到成功状态的表述；下一

级目标（O）是上一级对应行动计划（A）的衡量标准（M）。以该核电公司为例，集团级的行动计划之一是增加核电上网电量，增加到 300 亿千瓦时以上是其衡量标准，那么公司级的对应行动目标就是核电上网电量达到 300 亿千瓦时以上。目标必须是清晰的、具体的，可衡量的。

（3）行动计划（A）

行动计划（A）是对实现目标（O）的具体分解。该核电公司的集团级目标是于 5 年内解决 5 亿 ~ 10 亿元的利润缺口，根据此目标，该公司将此目标分解成了三个行动计划，见表 3–3 所示。在分解时，各行动计划之间要做到不重叠、不交叉，要有所侧重，有所忽略，还要明确责任部门与负责人员。

（4）衡量标准（M）

衡量标准（M）是针对每项行动的具体衡量标准。它必须可量化，可考核，包括量化的绩效指标 KPI 以及细化的管理指标 KMI（分别为进程的考量，时间节点的把握和细化管理指标的实现）。

DOAM 法的特点如下。

第一，充分沟通，确保共识。即考核人与被考核人要对各项行动的确定与分解进行充分地面对面沟通，确保双方都能准确理解行动和目标，以及资源的有效落实。

第二，分解落实，共同承诺。行动产生与分解的过程即“要约—承诺”的过程，行动考核人与行动被考核人要确保每一项行动的确定与分解都是双方的共同承诺。

第三，沟通辅导，审慎应变。考核人与被考核人在年中执行过程中，要以绩效面谈辅导的形式来跟进及推动行动的进展。在此过程中除非形势发生重大变化，方可审慎调整合约的内容，原则上不宜调整合约。双方至少每季度沟通一次。

3.2.2 DOAM 法示例：目标分解模板

下面以该核电公司 2020 年的集团经营目标和重点战略任务为例，演示 DOAM 法的分解过程。

首先看该公司的集团层级。

要进行目标分解，先要明确该公司 2020 年的集团经营项目和重点战略任务，即明确行动方向（D），它们是形成集团整体绩效评价和集团公司、成员公司进一步分解的基础。该公司的集团经营项目和重点战略任务由公司的战略规划、国资委考核目标及团队所面临的内外形势决定，公司的集团发展战略领导小组在明确该目标后，可将其分解至公司，各层级如图 3–3 所示。

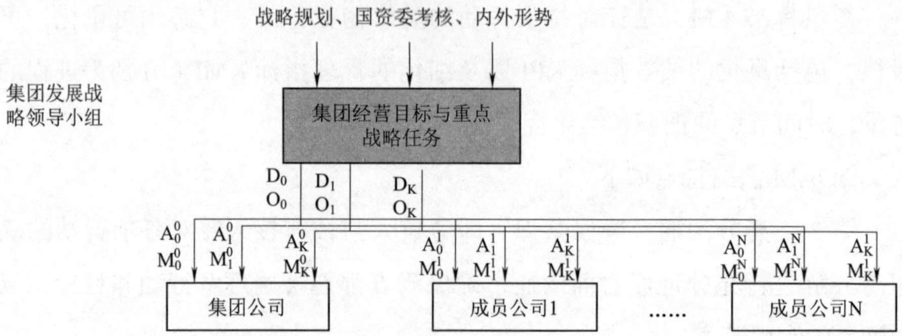

图3–3　第一级分解示意

再看该公司的公司层级。此时要先明确 2020 年集团公司、各成员公司的经营管理目标和重点工作。集团公司、成员公司经营管理目标与重点工作由集团层级的行动计划（A）和衡量标准（M）决定。

明确集团公司、成员公司经营管理目标与重点工作的作用有以下三点。

（1）绩效封闭评审会的基础。

（2）形成“一把手”个人绩效计划合约的基础。

（3）用于向下分解的重要输出。

将其明确后，公司总经理部可将集团公司、成员公司经营管理目标与重点工作分解至各部门，见图 3-4。

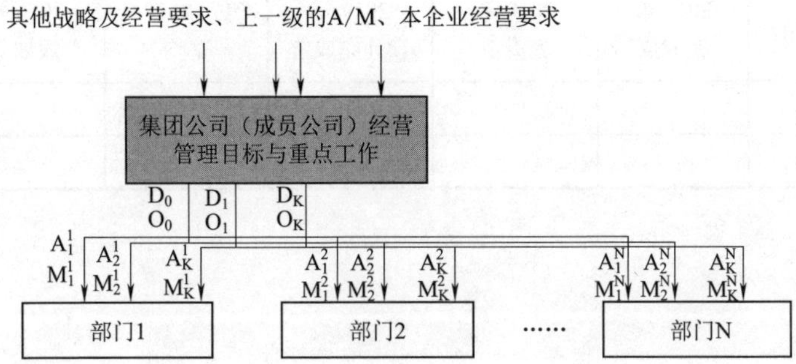

图3-4　第二级分解示意

最后看后续各层级。后续各层级将来自上一级的行动计划（A）和衡量标准（M）、部门和岗位的职责要求及其他重要任务，依据公司的规模和组织结构分若干级分解到各级员工，形成全员绩效合约。至此，流程结束。

以下是该公司的集团级部门年度重点工作 DOAM 格式示例，集团级 2020 年重点战略任务的分解落实程序如下表，同时该层级的部门的 2020 年重点工作及部门 2020 年其他职能工作表格也可采用同一表格，见表 3-3。管理者在使用 DOAM 法时可以参考。

表3-3　集团公司2020年重点战略任务的分解落实

序号	行动方向（D）	目标（O）	行动计划（A）	衡量标准（M）	责任单位 / 人	备注

该公司的成员公司年度经营管理目标DOAM格式，即公司的经营指标（财务指标），见表3–4。

表3–4　公司经营指标（财务指标）

经营指标	2017年完成值	2018年完成值	2019年预计完成值	2017–2019年平均	2020年规划值	2020年目标值

管理篇

高效能团队养成之道

第4章 塑造个人魅力：领导力与管理能力的修炼

管理者对员工的天然的吸引力、感染力与影响力就叫作领导魅力。有领导魅力的管理者通常具有远大的目标和理想，令人情不自禁地去观察、学习。管理者要明确领导力的魅力并善用之，在管理过程中明确地对员工讲清目标和理想，并使之认同，同时对管理过程常加反思，不断修炼自身的领导力与管理能力，如此，管理者与团队才能更好地成长与发展。

4.1　好领导的必备能力

做好团队主管的第一步就是明白员工为什么会追随自己。正所谓“巧妇难为无米之炊”，自己的能力再强，若是不能服众，手下无人可用，也很难成就一个好团队。

4.1.1　有潜力：能升职加薪

每年的招聘旺季，各大公司的 HR 们都会上演挖人大战，从高层到中层再到普通员工一个都不放过。这时，除了顶着业绩压力的 HR 们深受其害，还有各种迷惑不解的老板和主管们也苦不堪言。

“给的钱不少，为什么员工还是要离职?”留不住人，成了一些团队主管们的烦心事。而与主管们的困惑相对应的是员工们的烦恼：“这几年都是原地踏步，一点成长都没有，什么也没学到”“没有晋升通道，根本看不到未来”。

管理者不懂员工的需求，单纯地把自己当做付钱的，员工当做干活的。认为干得好多给钱，干不好少给钱，不“亏待”员工就可以了。如此简单地看待员工需求，自然很难留住人，更难留住人才。

想要让员工跟自己“混”，不仅要考虑员工的生存需求，还要考虑员工的价值提升和职业发展，也就是让员工既“有钱途”又有前途，能看到这份工作的“潜力”。

1. 价值提升

一个团队士气不振，跟管理者的认知一定有分不开的关系。很多管理者只把员工当作为企业创造价值的人力资产，只想利用员工的现有价值，舍不得对培训、团队建设投入资源，更不会管员工是否对团队存在价值认同。殊不知，这种做法对团队的发展“百害而无一利”。管理者对员工的价值投入，能促使员工不断地学习和提高，员工感觉在这里工作能学到东西，提升了自己的价值，自然会想长期留下来。

2. 职业发展

没有人想一辈子当一线员工。管理者应该为员工构建内部发展路径，匹配适合的职业规划，让他们体会到能力被认可，付出有回报，形成自我驱动机制。而不是挥舞着用钱做成的鞭子驱使员工，让他们在工作中逐渐感到麻木。

3. 奖励回报

“画大饼”一直是一个深受职场人诟病的管理者陋习，即管理者只对员工做出不切实际的承诺，却从来都不兑现。这种空口承诺可能会一时激励员工，但时间长了管理者也就在员工心中失去了可信度，员工自然会想去寻找一个能兑现承诺的老板。因此，团队管理虽然不能只用钱，但也不能不用钱。根据员工付出的努力，进行适当的奖励，是对员工最好的激励。

综上所述，让好好干的有钱，让干好的有前途，是管理者管理团队的基本要求。一个能力能得到提升，职业生涯倍感有望，且回报不菲的团队，没有员工会舍得离开。

4.1.2 有能力：大背景，资源多

许多中小企业在招聘时都会发现，那些大企业招聘常常是千里挑一，而自己这里却一人难求，常常是加高了工资待遇，却还是无人问津。由于小企业的“背景”不够硬，大部分人宁愿在大企业做一颗螺丝钉，也不愿在中小企业当个骨干。有背景意味着有资源，有资源意味着有发展空间，同时也就更能实现自己的价值。

同样两个团队，人们会更倾向选择管理者业绩突出、名声在外的那一

个，这是因为从概率上讲，这个团队的管理模式可能更专业，管理者自身拥有的行业资源可能更多，跟着他有较大概率学到东西。

因此，管理者要学会挖掘自己的专业价值，让员工多看到自己的能力，以增加对团队的信任。

以同道大叔为例，同道大叔刚开始出现时没人关注他，甚至可以说是无人问津。后来同道大叔有了两三千万粉丝，一度成为最具代表性的女性文化博主之一，且在 2015 年底获得了 3 000 万元的 a 轮融资。再后来，“同道大叔”公众号被美盛文化并购，同道大叔套现近 2 亿元。

同道大叔毕业于清华美院，名校和专业的优势意味着他本身有强大的人脉资源和专业资源，同时也意味着他极高的内容质量。同时，他剑走偏锋的奇葩画风，成就了他的个人标签。很多人因为猎奇心理和作品本身的高质量，而成为他的粉丝。

信任是团队管理过程中不可缺少的管理利器，员工只有信任管理者才会留在团队里，死心塌地地追随管理者。而管理者展现的能力以及他在行业中拥有的地位和资源就是员工信任的来源。毕竟比起一个企业的普通员工，人们更愿意跟随行业中的知名人士。就像名人代言广告可以刺激消费，名人出席慈善活动可以带动社会行动等，将员工变成管理者的粉丝，更能促使员工留在团队里。

4.1.3　有沟通力：亲和力满分

亲和力是促进人与人之间沟通交流的一种能力。对管理者而言，亲和力是一种人格魅力，善加使用，它可以聚拢人心，让员工从情感上愿意为你工作。

小王公司的陈经理，平时不苟言笑，对员工要求也极为严格。每次陈经理来检查工作，员工们都从心里感到害怕，谁也不敢多说一句，就希望时间赶紧过去。有一次，陈经理到分公司分享工作经验，参会人员没有一个主动发言，会议现场死气沉沉。分公司经理为了打破尴尬局面，自告奋勇谈了几个观点，却被陈经理当众驳斥，分公司经理非常尴尬，一时之间站也不是，坐也不是。直到会议结束，会场里还是没有一个人发言，最后会议只得在异常紧张的氛围中收场。

半年后，陈经理陪同公司总经理再次到分公司调研。结果在座谈会上，大家见陈经理在场，没有人敢说话，总经理没有得到任何有价值的信息。总经理感到很奇怪，后来听到分公司的人说，没人说话是因为陈经理工作方式简单粗暴，一有不满意就骂人，平时对待员工也都冷着脸，弄得上下级关系特别紧张。

后来，公司做人事调整时，陈经理虽然业务能力都符合标准，但最终也没能升职。他这时才知道自己落选的理由是管理方式存在问题，团队关系不和谐。在反思自己这几年的所作所为后，陈经理后悔不已。

从上述案例中可以看出亲和力对一个管理者来说多么重要，陈经理因为对待员工缺乏亲和力，不仅不得人心，还失去了升职的机会。而下面故事中的小张却因为亲和力成功获得了晋升。

某公司项目经理辞职，公司决定从小李、小张、小王三人中选一人继任。总经理派他们三人去公司最偏远的工厂工作，然后根据他们的业绩决定项目经理的人选。

三个月后，总经理来到工厂考察。在经过工厂大门时，突然蹿出几条大狗，对着他们狂吠，却唯独对小张很亲近。总经理见状很奇怪，向工厂的员工了解后才知道，小张为了提高生产效率，经常与工人共同工作，待人也亲善和气，一点没有领导架子，连大门口的狗都愿意与他亲近。

从工厂回来，总经理心里已经拿定主意，升小张为项目经理。小张不仅受一线员工爱戴，而且工作作风扎实，为公司殚精竭虑，可以说是实至名归。半个月后，小张正式升任为项目经理。

人是感情动物，有了感情，一句话就能聚拢人心；缺乏感情，十句话也不能聚齐人心。在职场中，有些管理者以为距离能产生权威，严肃能换来威严，摆架子能服众，甚至喜怒无常，动不动就批评呵斥，让员工战战兢兢。

事实证明，职场中管理者居高临下的态度、恃才傲物的行为、不近人情的举动，只能造成感情隔阂，使团队之间的关系紧张，不能换来尊重与信服。久而久之，员工不想再受管理者的精神压迫，就会选择辞职，团队也就散了。

4.1.4 有定力：律人先律己

团队管理者身份虽然是领导，但在团队中更像一个榜样。正如《论语》中讲道："其身正，其令而行；其身不正，虽令不从。"一个管理者只有先严格要求自己，才能带领别人，才能服众。

管理者只有做到"律人先律己"，才能让员工愿意跟随你、信赖你，信任可以让管理者成为整个团队中不可缺少的角色。与员工共同参与工作，可以将管理的痕迹淡化，形成"命运共同体"的企业文化。员工们会认为，自己不是为管理者工作，而是为自己工作，管理者也是员工，只是多承担了管理职责而已。

另外，管理者的榜样行为具有很强的感染力，是管理者魅力的最好体现。管理者以身作则，赢得了员工的心，在团队面临危机时，员工才更有可能选择和团队共进退。

人们常说"榜样的力量是无穷的"，在团队中，管理者的行为会影响员工的行为，好的行为能给员工做出榜样，而坏的行为会让员工形成不良作风。那么，管理者如何能做到以身作则呢？

第一，塑造人格魅力，提升个人影响力。管理者要成为一个品行端正、处事无私的人，要说话办事一碗水端平，不要在团队中形成做事分亲疏远近的不良风气。

第二，带领员工学习。在职场中，学习力等于竞争力，学习的速度等于成功的速度。管理者要带好团队，必须拥有很强的学习能力，比员工学得更多、更快、更全面。除此之外，不仅要自身会学习，还要带领员工学习业务知识、操作技能、规章制度，全面提升全员素质，增强学习对管理工作的促进作用。

第三，成为执行的榜样。管理者要想提升员工的执行力，就要在团队中营造出高效率执行的文化氛围。管理者自身对待工作要按照标准、规范、时间严格执行，这对形成执行力文化具有至关重要的作用。当管理者以自身的执行力要求员工时，员工执行效率不高的问题就会迎刃而解。每个员工执行力的提升，会带动团队的执行力焕然一新。

制度和文化在团队中的推进，并不是一件难事。只要管理者先行动起来，以身示范，员工自然愿意跟随。管理者要做到要求员工做的自己先做到，要求员工不做的自己也不做。管理者要自觉接受员工的监督，用榜样的力量，凝聚团队成员，给团队带来更多的成功。

4.2 团队领导者的六种类型

团队管理者根据自身的管理特点不同，可以分为指令型领导、领跑型领导、愿景型领导、亲和型领导、民主型领导、辅助型领导。他们在管理上各有长处也各有短处，管理者需要有所取舍地去借鉴。

4.2.1 指令型领导

指令型领导是指那些偏爱“一言堂”决策方式的管理者，他们希望团队的员工能 100% 按照自己的指令去执行任务，不要提出多余的想法。

这些管理者的优势是如果公司面临特殊情况，如急需扭亏为盈、恶意收购等紧急状况，急需有人力挽狂澜，这些管理者能用自己的高执行力迅速拟出解决方案，并打破过去束缚公司的条条框框，鞭策团队员工提高执行效率，以最快的时间组建一支强有力的攻讦部队去解决紧急问题。

然而，这些管理者留给员工发挥的空间很小，工作中几乎没有任何灵活性，基本是管理者怎么说员工就怎么做。这种风格对员工的责任心和积极性有严重的打击，甚至让他们没有被尊重的感觉。这种管理方式的结果就是员工很难认同公司的目标和价值观，对团队没有忠诚度。

指令型领导大多出现在创业公司，在公司初创阶段，人才和资源有限，太发散性的执行对公司并不是一件好事，这样的方式反而能把有限的人才和资源聚焦在一起。但时间长了，这些管理者很容易受限，当团队人员越来越多时，会经历一阵离职人数激增的阵痛。所以，很多创业公司在中后期会对管理方式进行改革，融入更多人性化的因素。

4.2.2　领跑型领导

领跑型领导是指那些会制定极高业绩指标，而且总在以身作则，对自己和其他同事都有高要求的管理者。他们沉迷提高工作的质量和速度，是名副其实的“工作狂”，而且对那些表现不佳的员工，他们会毫不留情地替换掉。

这些管理者的优势是能为员工做出表率，有效激发员工的工作热情。团队员工在他们的带领下也会充满干劲，而且因为管理者身先士卒，员工也很少会抱怨，团队整体都能保持一往无前的冲劲。

然而，这些管理者“魔鬼”一般的高标准和严要求，很多员工会吃不消，自信心会严重受挫，觉得自己已经很努力了，却还是赶不上领导的要求。有些管理者自己可能了解工作的方式方法，但从不清楚地讲出来，认为下属干得多了就能自己体会。结果下属努力许久，却不得其法，工作越来越吃力。

领跑型领导在一些技术岗位上很常见，他们喜欢大小事情都亲力亲为，他们不太介意自己的身份，也没有厘清哪些事情不该由他们来做。跟着这种管理者能学习到很多经验、技能和知识。但一旦他们参与多了，他们会认为事情如果没有他们的参与，效果可能会不好。他们不再放心将事情交给员工全权负责，开始参与到不该参与的细节里，从而忽略一些原本属于他们的职责。

管理者可以在新项目或难度较高的项目中扮演领跑型领导，但这种管理风格不适合长期使用。团队如果过于依赖管理者，不仅会让管理者感到很疲惫，还会降低员工的主动性。

4.2.3 愿景型领导

愿景型领导是指能让员工清楚知道自己的工作是团队目标的一部分，善于为员工树立长远目标的管理者。他们不会过问员工如何达到目标，会给员工充分发挥才能的空间。

这些管理者的优势是他们几乎适合所有的团队，是六种风格中最有效的，对提升组织氛围有积极的促进作用。他们能让员工感到自己是团队的一部分，从而帮助员工达成共识，帮助团队凝聚人心。在企业发展失去方向时，这些管理者还能为公司描绘新的方向，给员工带来新希望。

然而，这些管理者过于热衷树立愿景的工作方式，可能会被一些经验丰富或者比较务实的员工认为是不切实际，只会纸上谈兵。因此，此类管理者要注意，如果你谈的愿景没有能力去实现或执行，就不要给你的团队员工太高的期望，否则会在员工心中失去信任。

管理者必须在企业发展的某个阶段扮演愿景型领导，以此帮助员工树立目标，让他们更有凝聚力。但管理者绝对不可以长期只扮演愿景型领导，因为愿景最终还是要落地的。当团队有了一个全员认可的美好愿景后，管理者就要转换成领跑型领导来带领团队实现愿景。

4.2.4 亲和型领导

亲和型领导是指事事以员工为中心，认为人比工作更重要的管理者。他们会像朋友一样关心自己的员工，事事亲和周到，跟员工打成一片。

这些管理者的优势是他们善于和员工沟通，从不吝啬表扬之词，让员工有较强的归属感，从而保证团队的灵活性。而且员工和领导像朋友一样相处，可以增强员工对管理者的信任，在这种环境下，员工会更愿意尝试一些革新性的想法。

然而，这些管理者的管理者风格往往不够“强硬”，经常是只有奖没有罚，员工会认为平庸的表现也可以被接受，就懒得寻求突破和改变，导致他们在遇到复杂问题时，很容易迷失方向。

亲和型领导很容易获得下属的爱戴，他们很容易就能把团队凝聚在一起，甚至让员工在危机时还能对团队不离不弃。但是，只是单纯的亲和力是无法促进团队发展的，它需要与指令型领导的强硬、领跑型领导高要求或愿景型领导的规划配合运用，这样才能发挥亲和力最大的效能。

4.2.5 民主型领导

民主型领导是指会花费时间了解员工的想法和意见，善于集思广益的管理者。他们经常鼓励员工发表自己的看法或对项目解决方案进行头脑风暴，尽可能地挖掘员工的潜力，培养他们的创新能力。

这些管理者的优势是他们能使员工对工作的参与度较高，对工作更有责任感。而且管理者充分听取员工的建议可以让员工有为自己工作的感觉，更能使员工保持高昂的士气。

然而，这些管理者当员工能力不足时，就很难发挥作用了，甚至很难通过集思广益找到解决问题的办法，有时开会一整天，也得不出结论。这些管理者因为要达成和大多数人的共识，所以决策和执行进度都会推进得比较慢。

民主型领导看似和指令型领导是相反的风格，但这并不代表一位管理者不能同时扮演指令型领导和民主型领导。在需要听取意见时，管理者可以是民主型领导；而当意见太多，没有头绪时，管理者就要成为指令型领导作出最终决定。

4.2.6 辅助型领导

辅助型领导是指专注于人才培养，而不要求立即出工作成果的管理者。他们注重发掘和培养新员工，更关注整个团队的长远发展。

这些管理者的优势是他们适合各种各样的团队，而且从头开始培养的团队默契度和凝聚力都很高，团队很难会解散。

然而，这些管理者的管理方式见效慢而且乏味枯燥，因为不关注业绩，短时间内对企业的帮助不大。而且这些辅助只有在员工欣然接受的情况下才最有效，否则会激起员工的逆反心理，引发更多的矛盾。

虽然企业没有明确规定管理者必须辅助下属，但很多优秀的管理者都扮演过辅助型领导。他们在日常的工作中指导员工知识和技能，帮助员工纠正误区，从而提高团队的产出质量，可惜因为见效慢和缺乏辅助能力等问题，这种管理者是六种管理者中领导力最薄弱的。

当然，很少有人能集六种管理风格于一身，甚至将这些管理风格运用得当的管理者都很少。虽然如此，管理者依然需要培养自己的管理风格，管理者需要首先充分了解这六种风格的适用团队及实际情况和可能造成的负面影响。即懂得这种风格能在什么情况下使用，达到什么结果。

领导力光靠了解是不够的，最关键的是有效运用。在运用过程中，管理者会发现团队内部充满了变数，所以需要管理者将各种风格融会贯通，提高自己的情商，从而完成对局面的掌控。

4.3　为什么我的团队带不好

很多管理者愿意也经常思考团队的管理方式，但是在试过很多方法后团队的状况也没有转好。这可能是因为管理者的团队有些经年“旧疾”没有解决，所以才导致团队久久没有起色。

4.3.1　用人不察，能不配位

识人、用人是管理者的基础能力。有识人之明并且任人唯贤，这个团队的风气就会非常好，员工只要努力工作就会有出头机会，不用去钻营人际关系。相反，如果管理者用人不察，甚至任人唯亲，让一些只会溜须拍马、能不配位的人大行其道，该团队势必歪门邪道层出不穷。

A 公司是计算机领域中的领军者，创造过辉煌的业绩，实力可与一些大公司分庭抗礼。然而，在企业转型的重要时刻，创始人老张没有选择最了解公司业务的员工做接班人，却选择了自己的儿子小张负责改革计划，他觉得只有把自己亲手创立的公司交给儿子才能放心。

小张在接手公司后，因不了解业务导致一年亏损了 4 亿元，股票价格下跌了 90%。而且因为老张任人唯亲，公司创立时期的元老级骨干们纷纷离职，带走了一大部分资源。经验较少的新员工只琢磨着如何哄得小张总高兴，没人再去用心钻研业务。在这之后，A 公司的状况每况愈下，不得不于5年后申请破产，结局令人唏嘘。

可见，如果当时老张将接力棒交给自己的骨干员工，而不是自己的儿子，那么，A公司恐怕将会是另一番景象。用人不察是管理的大忌，轻则会让团队离心，重则会带坏风气，动摇整个团队的根基。管理者要自查自己团队中有没有凭关系“上位”能不配位的员工，如果有应尽快肃清，重新构建公平的团队竞争环境。

4.3.2 目标不清，计划多变

管理者作为团队的掌舵者，要有大局观并且思路清晰，心中有总体的设想，对几步甚至几十步之后的事都有所规划。跟随这样的领导，员工不会迷茫，团队的目标清晰，更容易完成任务。相反，如果管理者想一出是一出，没有明确的目标，会消磨员工的干劲，从而牢骚不断，抵触情绪滋生。

有个人经过建筑工地，问石匠们在干什么？

第一个石匠回答说：“我做的是养家糊口的事，混口饭吃。”

第二个石匠回答说：“在为成为整个国家最出色的石匠做准备。”

第三个石匠回答说：“我正在建造一座大教堂。”

三个石匠的回答中透露出了他们三个人不同的人生目标。

第一个石匠说自己在做养家糊口的事，证明他是一个短期目标导向的人，只看见了自己的生理需求，没有远大抱负。

第二个石匠说自己想要成为全国最出色的石匠，证明他是一个职能思维导向的人，只考虑本职工作，从工作本身思考自己未来的规划。这样的人很少会为了完成团队的要求，自己主动做出改变。

第三个石匠说自己在建造一座大教堂，证明他是一个长期目标导向的人。一个人先有大目标，然后围绕大目标一步步工作，最终成就一番事业，这是具有经营思维的人。他们思考个人目标时会把自己的目标和团队相关联，从实现团队整体价值的角度规划自己的发展，这样的员工才能走得更远。

德鲁克曾评价说，第三个石匠才能成为管理者。他用自己的工作影响着团队的绩效，在做石匠的时候就看到了自己的工作与建设教堂的联系，这种人的大局观难能可贵。

一个管理者如果自己缺少明确的目标，做事没有规划和远见，是不可能带领团队走太远的。管理者可以自查一下自己的团队是不是三天两头换一个目标，或者自己常让员工去执行自己未经仔细思考的想法。如果有，管理者就有必要调整管理思路，重新为团队制定明确且清晰的系统化目标。

4.3.3　责任模糊，无人负责

聪明的管理者会在工作开始时就划分好责任归属，目标是明确责任分工，让员工知道自己要对什么负责，哪些事该找哪些人。如果管理者没有做好这方面的工作，团队中很容易出现推卸责任和事后扯皮的现象。

B 公司正值改革的关键时期，高层领导希望能拓展新业务，但经过多次会议讨论却没有决定将这个工作交给谁来负责。公司很多人听到这个风声之后都跃跃欲试，有想要主动请缨的，也有暗中调研的。

小梦来 B 公司已经有两年的时间了，工作能力始终都不错，一直想争取晋升机会。小梦在听到这个消息后，就想在领导面前表现一下，证明自己的能力。于是她在没有得到领导许可情况下，悄悄开始行动，着手做新业务。因为新业务没有之前的案例作为参考，结果小梦在与客户沟通的时候，曲解了对方的意思，丢掉了客户，给公司造成了很大损失，最后小梦被解雇了。

案例中的小梦就是贸然做了权责不明的工作，结果不仅没有获得晋升，反而丢掉了工作。管理者在日常管理时也要注意，每项工作都有失败的风险，如果没有事先明确责任归属，工作失败了，事后可能出现任何一个人都不想负责的状况。毕竟大家都想获得奖励，不想接受惩罚。团队中长此以往，员工们就会缺乏主动性，工作时只想着怎么规避责任，而不思考优化的方法，这样的团队很难进步。

管理者要注意，如果团队中有责任不明的现象，要尽快调整，培养员工的责任意识，激发他们主动寻求改善工作的方法。

4.3.4 标准含糊，考核不公

大部分人努力工作的动力就是获得丰厚的回报，奖金和加薪是员工们最期待的奖励。但如果管理者没有制定公允的考核标准，或者没有严格按标准执行，奖励和惩罚全凭自己的主观判断，那么员工定然会产生质疑，进而不服，然后不满。下面是管理者在日常管理中，经常会出现的考核不公的问题。

1. 平均主义严重

小 A 从自己任职 5 年的公司离职了，原因是不服身边有些无能的人拿着和自己差不多的工资。小 A 的公司给员工开出的工资并不低，甚至可以说在业界非常有竞争力，但公司的绩效考核制度却基本是个“摆设”，业绩最好和业绩最差的员工工资只相差 200 元。一些员工觉得干得好和干不好区别不大，就明目张胆地偷懒。最后让一些像小 A 一样努力工作的员工寒心辞职。

2. 只看利润

小 B 是一家公司的总经理，他最近提拔了公司的销售冠军小 C 做销售总监。但后来他发现小 C 虽然销售业绩突出，但对市场的洞察力一般。小 C 最近策划的几套方案都不理想，自己也大受打击。小 B 经过反思认为销售对小 C 来说才是最合适的工作，但如果把他调回原职，小 C 很可能会因为“丢了面子”辞职离开，让公司损失一个重要人才，小 B 陷入了苦恼之中。

小 B 在提拔销售总监时因只看到了利润，认为业绩好的人就能做好管理，完全忽略了销售总监的其他职能，考核标准单一，导致把销售人才小 C 放在了不合适的位置上。

3. 倾向于“人际关系”评价

团队新提拔上来的领导小 Y 最近遭到了很多员工的投诉，大家都认为他没有突出业绩，只是跟上一任领导关系好，才被提拔成了领导。小 Y 的领导在离开前很喜欢在团队里讲人情关系，重用跟自己关系好的，疏远跟自己关系差的，评价员工全凭自己的主观想法，结果导致自己选上来的接班人小 Y 完全不能服众。

4.“死磕”考量条例

小 D 认为自己公司的考核制度太严苛了，甚至有些死板。例如，公司参评储备干部的条件之一是必须每月全勤。如果当月请了一天假，就不能参选。但有些员工平时十分优秀，只是由于在一些小事上不符合规定就错失机会，反而让一些平时虽然不请假，但是能力不达标的人成了储备干部。小 D 公司因为体制僵化，考核设置不合理，流失了很多人才。

新东方集团董事长俞敏洪曾说过：“考核机制不公平，一定是最糟糕的人留下。”确实，公正的考核制度能激励员工为企业创造更大价值，否则考核制度就会成为团队形成凝聚力的最大阻碍，动摇团队员工的关系。管理者要经常复查团队的考核制度，确保让员工的付出和收获成正比。

4.3.5　事必躬亲，不知放权

一些技术人员出身的管理者特别爱犯“大包大揽”的错误，总觉得团队里的工作必须要自己参与了才放心，员工做完了总要自己再复查一遍或者干脆自己去主导工作的执行。拥有这样心态的管理者本人会很累，还经常觉得员工能力不足，身边无人可用。殊不知，是自己没有给员工学习的机会，因为得不到锻炼，员工也都心存不满。

“为什么我手下的人什么都不会，小事都做不好，做出来的东西根本不能用。带这团队真费劲，还不如自己一个人干。”小舟自从升任了团队主管，就经常跟朋友这样抱怨。

小舟是一个工程师，生性好强的他在进入公司后就很努力。英语不好就每天早晚不停地练习，技术掌握不好就没日没夜地查资料学习。然而他的努力也没有白费，他流利的英语和扎实的专业技术帮助公司接到了一个大项目。项目进行得很顺利，小舟凭借着这个项目，成为新科室的经理。

但是小舟却觉得做管理太累，不如做技术轻松。他认为做技术只要管好自己就可以了，带团队还要教别人怎么工作，实在是心力交瘁。原来小舟在工作时很少跟员工讨论自己想要什么，也没有在讨论结束后发表过自己的建议，一般都是只简单告诉员工工作流程，很少说明具体的工作方法。后来因员工经常在工作中出错，小舟也没有去纠正员工，只觉得是他们能力不行，干脆自己重做一遍。久而久之，员工工作的大小细节，小舟都要“把关”，自己的工作越来越多，手下的员工却没有一个能替他“分忧”的。

小舟其实并没有做好从一个优秀员工向优秀管理者转变的准备。大部分新上任和业务能力比较强的管理者经常会犯事必躬亲的错误，他们经常用自己的水平去衡量员工的水平，认为不需要说明下级员工自然而然就能领悟到他的意思。然后这个员工努力地完成了工作，结果管理者发现压根就不是自己想要的，把员工狠狠地批评一番。然后还委屈地觉得：“我这团队不行，什么都做不好。”员工也委屈，觉得：“领导什么都不说，辛苦做的东西被贬得一文不值，下次不如应付了事。”

然后这些领导就变得什么都要管，亲力亲为，总觉得不能放权给员工，怕他们做错了东西，还要自己“背锅”。这种管理者会越当越累，而且还不容易把精力放在重要的项目上，很难出成绩。他们手下的员工则完全施展不了自己的才华。长此以往，员工的能力就退化成一个只会执行的“工具人”。

这是一个恶性循环，管理者管得越多，员工越边缘化；员工越边缘化，管理者就要管得更多，最终双方都得不到成长，团队也很难进步。所以，管理者带团队要学会放权，才能激发团队活力。管理者要时常反思自己参与的工作是不是真的有必要，要尽可能地把一些与管理无关的工作全权交给员工去做，给员工一个成长的空间。

第5章 传帮带机制：助力员工迅速成长

“传帮带”是员工间普遍采用的知识交流和技能传授的方式。新员工借助老员工的“传帮带”辅助，能快速掌握工作相关的知识和技能，高效适应岗位，而成长中的员工借助优秀员工的“传帮带”，能进一步提升工作效率和质量。“传帮带”能使员工之间形成互帮互助的良好风气，让新员工快速融入团队中，让老员工能够相互学习，从而提升团队整体的氛围，适应公司发展需要。

5.1 “传”——关注榜样的力量

“传”是指团队的文化、管理思想和优秀传统的传承，同时也指传播和沟通。在“传”环节，管理者要有意识地培养、发掘团队标杆人物并使其发挥榜样力量，致力于建立经验复制系统，加速发挥“传”的作用。

5.1.1 树标杆：让员工向榜样看齐

“树标杆”其实是一种企业文化。例如，电视剧《亮剑》中的李云龙，他的队伍里什么样的人都有，但是大家的思想和认识高度一致，就是打胜仗就能向团长要酒喝、要肉吃、要弹药，打败仗就要被团队指着鼻子骂。

管理者一定要有意识地在团队中树标杆，树典型，“造星”。管理者要明确组织需要什么样的标杆，找出来；如果找不出来，就想办法从现有的人里面选拔培养。任何一个团队如果没有标杆，没有典型案例，都是很难做好的。

5.1.2 建立经验复制系统

管理者如果想要成就高业绩、高质量的团队，就要从培训机制入手。在人力培训上，科学合理地对其加以管理，对提升团队的综合实力有着关键作用。

有一些团队由于规模小、人才缺乏、制度不完善等问题，需要经过培训来改变团队的现状，但受许多条件限制，导致了培训效果并不理想。很多团队都在培训上遇到了培训经费、场地以及带教等问题。有效的培训是通过科学的手段，对专业知识与技能进行培训，使团队员工的综合技能得到大幅度提升。如果没有经过培训，新成员在自己摸索的过程中就极有可能犯错误，这不仅浪费了团队的时间与成本，还会拖累团队的工作进程。

如果新成员没有经过有效的培训，对团队的业务流程一窍不通，就很难与客户达成交易。而在新成员没有业绩的情况下，团队依然要支付其工资，这无论是对团队还是新员工，都不是一种好现象。

新任业务员小A在给客户发货后，没有及时给客户发送物流通知，而不巧的是，在发货的第二天，货物遇到了火灾，由于小A的失误，客户没有及时为货物买保险，于是，公司只能全额赔偿对方货物的损失。

新成员对业务流程不熟悉，会让他们在工作的过程中频频失误，很难与客户达成交易。而新成员由于长时间没有开单，很容易出现消极情绪，工作积极性低不说，还有可能传染给其他成员，造成整个团队都笼罩在“低气压”里。

事实上，团队现有的老员工都是身经百战、能力很强的工作人员。他们因长期接触销售行业，对市场有着深层次的认知，也有丰富的经验，这些老员工是企业的宝贵财富，管理者要建立经验复制系统，让新员工可以快速复制老员工的能力。

很多企业采用的“师徒制”就是经验复制系统。具体怎么操作呢？例如，今天来了一位新员工，管理者将他交给资深的老员工“带”，老员工就成为新员工的师傅，新员工只要开一单，师傅就可以得到一定额度的奖金。

地产公司A采用这种模式后，大量招收应届毕业生。然后，在每个区域开新店时会从其他区域带一批资深员工过去，资深员工每带一个新人都可以拿到一定的奖金，带得越多奖金越高，所以很多资深员工都特别愿意带新人，这就从机制上保证了资深员工愿意辅导新人。所以，这些地产公司扩张的速度很快，就是得益于人才复制的速度快。

5.2　“帮”——排忧解难的重要性

“帮”是指员工之间在思想、理念及实际工作方面的相互帮助，也指管理者对员工在生活和心理层面的关怀与指导。

5.2.1　员工没你想得那么差

在一份关于职场员工跳槽原因的调查统计中，薪水太少只排在第五位，而排在前四位的分别是没有受到尊重、没参与组织决策、意见没有受到重视以及付出的努力没有得到回报。由此可以看出，给钱少并不是员工辞职的主因，没有实现自我价值才是。在日常工作中，管理者经常会限制员工的创新行为，理由是员工太差了，其实员工没有管理者想得那么差，而是管理者没有增加他们工作的内生动力，员工自觉为别人工作，自然缺乏激情和能量。

以著名的本福尔德号为例，迈克尔·阿伯拉肖夫舰长在接管本福尔德号时，这艘导弹驱逐舰虽然拥有最先进的装备，但工作效率低下，士气低迷，大部分士兵都想提前退役，尽快离开这个令人讨厌的地方。阿伯拉肖夫舰长的管理方法简单来说就是从执行者的角度确立目标，让每位士兵认为这是自己的船。

那么，阿伯拉肖夫舰长是如何做的呢?

1. 最糟糕的士兵也不是无药可救

本福尔德号上有个叫埃利奥特的军官，他是被另一艘战舰上的人排挤过来的。阿伯拉肖夫舰长却觉得埃利奥特是最有天赋的军官。他年仅 23 岁，却能背诵并理解整本海军手册，还能清晰地解释海军部队的整个运作流程，比很多有经验的老军官还要优秀。他唯一的缺点就是太过年轻，不懂与其他士兵相处才遭到了暗算。

阿伯拉肖夫舰长了解情况后，告诉他，本福尔德号上每个人都有自己的尊严，这里没人会贬低他，当然他也不能贬低别人。埃利奥特最终改掉了自己盛气凌人的毛病，成了本福尔德号上最优秀的军官之一。在服役期满后，他对自己的未来充满信心，因为他知道如何去领导别人并且从未怀疑过自己的能力。

这则故事告诉我们，在职场上，最糟糕的员工也不是无药可救的，管理者不要轻易为他们贴上标签，否定他们的价值。管理者要为员工传递这样的信息："你也许曾犯过错，但我会给你改正的机会，你要抓住机会证明自己。"管理者的这份宽容会让员工更有安全感，从而愿意去努力尝试改变。

2. 从士兵的角度看问题

阿伯拉肖夫担任舰长不久后发现本福尔德号上的士兵其实都非常聪明，他们有很多绝妙的创意，但是却没有被之前的长官重视。于是他开始营造一种轻松的文化氛围，试图与每一名士兵拉近距离，建立私人关系。

通过谈话阿伯拉肖夫舰长发现，本福尔德号上的士兵家庭条件都比较一般，其中 50% 的人参军是因为他们的家庭没有能力支持他们读书，而 30% 的人是为了逃离家乡的糟糕环境，如毒品、暴力犯罪等。其实，这些士兵都是一些优秀、勤奋的年轻人，因为普通人家的孩子上升通道有限，所以希望通过参军来改变命运。

同样的，大部分职场人也都没有优渥的家庭背景，他们加入公司，都是为了养活自己的家庭。因此，作为管理者一定要了解自己员工的背景，为他们提供真正需要的福利才能赢得他们的心。管理者再宏伟的愿景也是需要员工们去落实的，如果管理者连员工的出身、背景都不知道，又怎么能从他们的角度思考问题呢？

所以，作为管理者，不要总是站在高高的位置上谈大道理、讲情怀，要多发自内心地为员工想一想。当员工发现管理者真诚地为他们着想时，会从心底生出尊重和信任，这会让团队更有凝聚力和执行力。

3. 公平对待自己的士兵

本福尔德号上有一名士兵由于贪杯，第二天没有随舰起航。这不是简单的上班迟到，而是因为一个人的缺席导致整艘战舰陷入危险状态。阿伯拉肖夫舰长没有包庇他，而是按照规定对他进行了增加 30 天工作日的处罚。

然而，在处罚期间这位士兵的母亲突然病危，他想请 7 天假回家探望。因为本福尔德号马上要执行时间长达 6 个月的海外任务，如果这时不请假回家，他得 7 个月之后才能见到母亲。可按照部队规定这名士兵要承担自己的过错，30 天内不准离开战舰。最后，阿伯拉肖夫舰长看他的母亲身体情况确实不容乐观，给了他 7 天假期，但将“禁闭期”顺延了 7 天。

这名士兵回来后，像变了个人一样，工作特别努力。因为他感受到了舰长对他的尊重，还给了他非常公平的对待，所以他发誓要努力工作回报舰长的信任。后来，这名士兵学会了在敌军各舰之间传输数据的计算机系统，并在服役期满后，在阿伯拉肖夫舰长的帮助下，到空中交通控制学校学习，最终以第一名的成绩毕业，成为最优秀的空中拦截控制员。

这个故事告诉管理者，尊重并信任员工，可以激发他的潜能。虽然这名士兵犯错在先，但阿伯拉肖夫舰长并没有对他进行粗暴对待，反而在他母亲患病期间，允许他回家看望，这一行为彻底改变了这名士兵对军队的看法，让他从内心生出了信任感和归属感。

阿伯拉肖夫舰长的做法合理把握了情与法的界限，既没有让规定为情感让步，又让士兵得到了尊重。所以，这名士兵后期表现出的刻苦训练，超越自我等行为更多的是来自自我驱动，也就是说这名士兵愿意主动为了战舰而努力，因为他觉得这种行为是有价值的。

在职场中，很多管理者都在思考如何留住人才。大部分管理者把员工离职的原因简单归咎为不想干了、跳槽挣高工资等，但实际上有65%的人跳槽是为了离开自己的老板，可怕的是很多管理者还没有意识到这个问题。如果每位管理者能公平对待自己的下属，不断提高自己的领导力，让团队里的每个人都能感受到温暖，那么这个团队才能凝聚人心。

5.2.2 发现员工的核心诉求

工作是大部分人日常生活中的重要组成部分。而有些人每天怀着低落的心情上班其实是一种很危险的状态，因为这样既不能让自己把工作做好，又很难为团队创造价值。最好的工作状态应该是自我驱动的。因此，管理者要多发现员工的核心诉求，明确他们想要什么？愿意为什么而付出努力？以此来让他们自愿为了团队而努力。

以下是员工在工作中常见的五种诉求。

1. 生理需求

人不是机器，也不会像机器一样工作，所以人不能被当作机器。"996""007"等调侃近几年在网上数不胜数，这也正表现出了年轻一代职场人受到的"压迫"。正所谓"身体是革命的本钱"，透支员工健康换来的效益，是无法长久维持的。

2. 经济需求

经济需求是人们工作的最基本诉求，这同时也是管理者的管理利器。现在的员工不喜欢管理者画的"大饼"，他更喜欢实际的、能切实改善生活的奖励。这也是最近一些大企业能让员工"996"，而小企业却不得其法的原因。

3. 心理需求

现在的团队常见的两种管理特征会压制人的成长需求，一是过于精细的分工，二是命令式的管理。虽然现在很多流水线上的工作岗位被机器取代，但并不代表在非流水线上没有纯机械化的工作。工作内容的高度细分，让每个人都变成了流水线上的螺丝钉，不用思考，只要按章执行就可以，创造力也在不断退化。现在很多公司实行人性化管理、全员参与制等实践，就是为了避免员工被当成执行的机器。管理者在实际管理中应该注意，思考和创新才是人最大的价值，不要完全用章程扼杀员工的创造力。

4. 社交需求

工作已经成为人们与他人建立关系的重要方法。人们背井离乡加入一个团队谋生，工作关系也成为大多数人在家庭关系之外的与他人的重要联系。因此，很多员工会对工作有社交需求，希望通过工作拓展自己的人脉圈。这就要求管理者营造一个良好的团队氛围，让内部同事保持良好关系，同时安排一些外部拓展活动，如行业讲座、培训等，让员工有机会接触行业内其他优秀的人才。

5. 权力需求

谷歌在建立人才管理体系时，其中一项是给予生产线上的工人自主权，自此之后生产效率提升了 30%。这其实是满足了员工对于权力的需求。正所谓"不想当将军的士兵不是好士兵"，没有人愿意做一辈子基层员工。管理者应该为员工规划出一条晋升通道，让他们相信在这里工作能有光明的未来。

5.3　"带"——教技巧，重实践

"带"制度的灵感来源于传统的技术作坊。通过类似学徒工制度的"带"环节培养出来的员工，他们的职业技能更符合团队的需要，对团队也更为忠诚。在"带"环节，带教要准备充分，细致耐心地教授新员工，新员工则在不断重复、改进的过程中掌握技能。

5.3.1 带教为员工做演示

陈经理和同行的一位朋友聊天时，谈到了新员工们给客户打电话的问题。陈经理说："新来的那几个同事培训考核成绩都不错，可真给客户打电话时，总是唯唯诺诺没有底气，总让客户说不专业。"朋友哈哈大笑说："我刚入行时也是，每天打电话都希望客户挂掉自己的电话，因为不知道如何跟客户表达，有时候客户接了电话，讲话声音也很小，总觉得不好意思。"

其实这种现象在团队中特别常见，新员工们哪怕接受了培训，但还是缺乏实战经验。这时候团队的带教就应该挺身而出，把培训重点内容在新员工面前演示一遍，例如，给客户打电话，带教可以亲自给客户打电话，在打电话过程中合理运用一些技巧，让新员工们学会怎么把这些技巧运用到工作中。打完电话后要对这个过程做出分析，然后总结出优点与缺点，加深新员工对打电话环节的切身体会。

"纸上得来终觉浅，绝知此事要躬行。"要知道从事具体的工作，只有专业知识是不够的，因此，为了增强新员工们的能力，亲身感受是最好的方式。因此带教时，管理者要做到以下三个方面，见图 5-1。

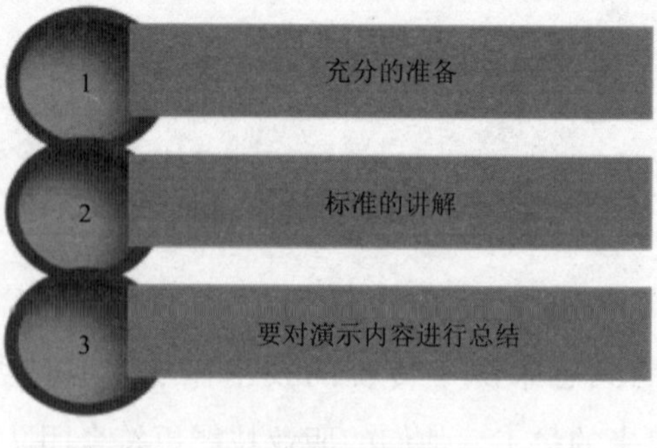

图5-1 带教演示要做到的三个方面

1. 充分的准备

有些带教认为自己是前辈，带了那么多人，不太会出错误。事实上，很多失败的案例都是由于带教过于自负导致的，这不仅会给员工一个错误的讲解，还会在员工心中留下不好的印象，导致员工对带教日后的培训内容、工作指示都抱着怀疑的心态。

因此，带教要做好充分的准备，多加练习要演示的内容，熟练到不会产生技巧上的问题，再给员工们干脆利索地演示一遍。

2. 标准的讲解

标准的讲解分为三步：理论部分、流程部分、案例部分。理论部分为工作提供了底层支撑；流程部分让员工能够掌握基本的步骤；案例部分能够结合实际分析工作行为。

在培训中，可以让员工进行角色扮演，介绍公司、介绍产品、讲述成功案例。有位资深带教说过："事实上，不少员工都不能清晰地、有逻辑地把这些要素说清楚、讲明白。"例如，员工在课程中进行的客户拜访模拟，明明大家都能感觉到开场情景有问题，但又说不清楚哪里有问题。和员工一起，让管理的情景再现，然后再一起讨论、分析如何能让情景更有效，这样做才能让员工在不知不觉中投入学习。

另外，带教内容一定要有系统性，教哪些内容、怎样教，也需要制定好流程、标准技巧，关注细节，避免新员工走弯路，从而帮新员工分析失误原因，积累正确的工作方法，令其工作快速步入正轨。

因此，管理者可以模拟一个场景，和员工一起演习，教他们如何说话可以降低客户的反感程度，并在传授他们技巧的同时，让他们知道客户们的拒绝很正常，不要因此而丧失信心。

3. 要对演示内容进行总结

学校在考试过后，一般都会安排老师对试题内容再做一个充分的讲解。带教的过程演示其实跟老师讲解试题的性质一样，在讲解时，员工当时可能明白了，但过后忘得也快，所以带教才有必要对每次演示做一个总结。总结的内容至少要包括这次演示的重要性、正确的做法、出现问题的应对方法以及注意事项，只有不断总结，员工才能记得更牢靠，更好地得到提升。

5.3.2 员工模仿，找出差距

带教所演示的内容，一定要让员工模仿着去做一遍，才能找出差距，获得提升。

带教在员工第一次模仿时，要逐一监督，有针对性地找出员工与自己的差距所在。带教在带着员工模仿时，应该做到“四不”：不点评、不打断、不询问、不批评，见图5-2。因为员工刚开始进行模仿时，难免会因不熟悉业务流程，出现这样或那样的错误。

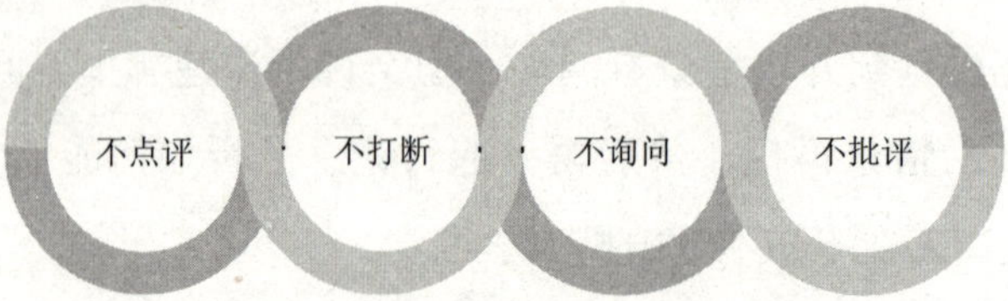

图5-2 员工模仿时，带教应该做到的“四不”

在模仿过程中，带教还要对员工面带微笑，时不时点头，给员工一定的信心。这样做有利于缓解员工紧张感，从而减少失误。

模仿过后，带教要针对员工的表现一一做出评论。首先找出他们表现的优点，对他们的工作表现予以肯定，让他们感觉到通过模仿带教的示范，他们是有所成长的。在表达肯定后再对错误做出分析，让员工认识到自己的不足，从而提升自己的工作技巧。

找出差距的目的，不是为了分出谁对谁错，而是为了成长提高，不要用对错来评判员工的能力。在模仿过后，员工要对自己的表现进行总结发言，说出这次模仿带来的感受。这样做的目的是让员工分析现在的不足并在后续做出相应的调整，而不是单纯地评价员工工作的好坏。带教要认真和员工分析失误的原因，带领他们走上正轨。

5.3.3　带教再次演示，员工深度对比

在第二次带领员工们演习之前，带教要先提醒他们之前犯过的错误，让他们注意这一次不要再犯同样的错误。然后再让员工们对自己的演习进行更深一步的对比分析，不断与员工进行沟通，了解他们的思想状况，并利用标杆的作用进行积极引导，加强对员工的关心，增强团队的凝聚力。

当带教在进行第二次教学演示时，应该比第一次更加突出重点。带教讲到重点内容时可以把速度稍微放慢一些，但不用像第一次那样给员工讲解分析了，只需要在旁边听员工讲带教的演示和他们的模仿有哪些差别即可。然后带教需要根据员工的讲述进行补充，总结他们忽略的问题，如和客户说话时，表情不够认真、态度太过强硬等，带教一定要具体分析，找出差距，为下一步缩小差距做准备。

深度的对比分析是必不可少的。带教在带成员做第二次演习时，就可以使用对比分析法，和第一次的演习做出比较，见图 5-3。对比分析法也称比较分析法，是通过比较来找出差距，并加以改进的一种方法。对比是找出差距最直观的方法。

对比分析法也分为很多种，其中一种是水平分析法，水平分析法说的是管理者要将员工的成绩与竞争对手或者公司里最强的人进行对比，找出差距。水平分析法包括两个重要的方面：一是制定计划，具体来讲就是根据已有的标

准和参照物，确立目标，制定适合自己的计划；二是不断采取合理、有效的改进措施，取他人之长，补自己之短，不断提高自己的工作水平。差距不可怕，可怕的是我们明明知道差距存在，却不去抓紧时间迎难而上，想方设法地赶上去。

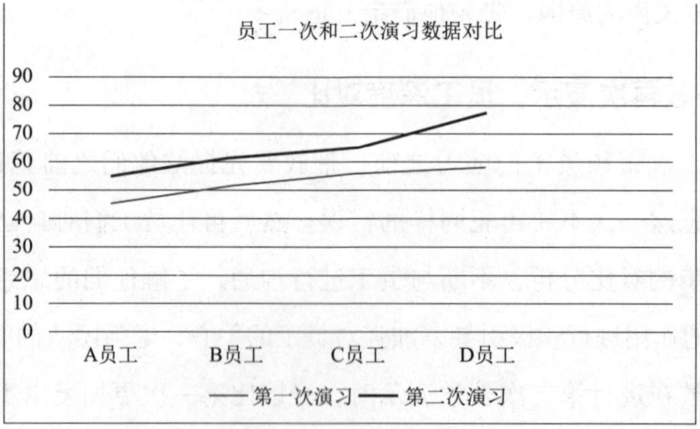

图5-3　某团队员工一次演习和二次演习数据对比

5.3.4　员工再次模仿，达到理想化结果

知道了解和实际操作是不一样的。当然管理者要想达到培养员工的目标，只模拟演习一次是远远不够的，员工必须经过多次重复的演习，再被不断修正，才能达到理想的效果。有人说如果想成为团队的业务冠军，就必须有不怕吃苦的精神。因为想要获得更多的客户，就必须每天不断地奔走，积极主动地说服目标客户与自己达成合作。

任何工作都需要经过一个熟能生巧的过程，就像小豹子学习捕猎一样。大豹子在教授小豹子如何捕猎时，先会是把猎物咬个半死，然后放在小豹子面前，让它实际给猎物致命一击。豹子虽然奔跑速度很快，但如果没有反复的实际演练，它是无法掌握捕猎又快又准的技巧的，它天生的优势也会无法凸显。

机械性的重复，肯定是枯燥乏味的。熟能生巧这个道理谁都懂，但不是每个人都可以坚持下去。因此，员工才会有优秀与平庸之分。一个不怕辛苦能坚持磨砺自己的人，做什么事都不会太差。

综上所述，工作的实际演练是必不可少的，而且必须经过多次重复练习才能够达到理想的效果。员工要在重复中积淀，在重复中升华，只有量积累到一定程度才能促成质的飞跃，而这一切的关键在于管理者的鼓励以及员工自己是否愿意坚持。管理者要在团队中营造一种“死磕”的氛围，帮助员工形成不达目的不罢休的工作态度。

第 6 章
学会合理授权：增强员工的积极性

对团队而言，授权就是团队赋予管理人员的，在职责范围内适度支配团队各项资源的权力；而对管理者而言，授权就是管理者赋予员工的，在岗位范围内合理进行决定并付诸实践的权力。若管理者对团队的大事小情事无巨细地把控，会降低员工的积极性和创造力，使团队氛围死板，团队能效大大降低。

6.1　哪些工作可以被授权

对于要授权的事务，创业者要清楚哪些可以授权，哪些不能授权。其中，可以授权的工作分为必须授权的工作、应该授权的工作和可以授权的工作，这些工作可以授权的程度各不相同，管理者需要按照实际情况有选择地把它们交给员工去负责。

6.1.1　必须授权的工作：简单、重复、风险低

必须授权的工作是指那些简单、重复、风险低的工作。这些工作即使完不成，对整个团队的影响也不大，而且其中重复性的日常工作比较多，如会议记录、简历筛选等。这样的工作管理者亲自负责可能并不能比一线员工做得好，甚至可能因为不了解实际情况而耽误工作进程，使原本轻易就能解决的工作变得特别复杂。

王总到生产车间视察，想看产品生产有什么问题。

到了现场，王总发现生产车间里面，产品摆了不少，但是没人干活。询问了一圈才知道是因为缺少减速机、螺栓和一种油漆。其中减速机，厂家已经发货了，明天就能到。而螺栓缺少的规格库房没有，只有一种比较长的。

王总对车间主任说：“螺栓裁短了不就行了吗？为什么要停工在这等着？”

车间主任说：“不行，王总，用不同型号的螺栓得有手续，需要技术员批准。”

王总叫来了技术员说：“你下个手续，把螺栓裁短。”

技术员有些犹豫，不想承担责任，也没有听王总的下一个把螺栓裁短

的手续。王总有些生气，但技术员属于工艺部，不在他的管辖范围内，技术员的领导也不在，想协调，还得再打电话。

最后王总只得感叹一句：“你们同在一个车间，裁个螺栓还得等手续。”

然后王总又到了采购部询问油漆的购买情况，得知采购部按正规渠道买的油漆还没到，但因生产急需，采购部就到市场上买了几桶，但是没有合格证，不能用于生产。而库房只剩一桶油漆，也不确定在库房存了多久。

王总说：“涂涂表面就可以了，新产品只在试验阶段，也不上市，先做出来看看设计方案行不行。”

车间主任反驳道：“不行，王总。质检过不去。”

王总无奈又跟质检科长协调，科长说：“油漆没有合格证不能用。”

王总耐着性子跟质检科长说了半天，科长反复都是一句话“没证不行”。王总生气了，冲车间主任喊了一句：“没证，照样能干。”

车间主任看着王总走远了，委屈地嘟囔了一句：“生产规定都是你定的，我说了又不算。”

上述案例中，车间停产的原因是王总没有把必须授权的工作授权给车间主任，导致车间主任想裁短螺栓还要向上报批。生产工作属于生产车间的日常工作，但作为生产车间管理者的车间主任却没有决策日常事务的权力，甚至不能决定样品用什么油漆。

这样的管理模式看似让管理者能知晓公司的方方面面，但实际上把所有的责任都转嫁给了管理者，管理者需要事无巨细地盯着每一项工作，甚至是一颗螺栓、一桶油漆的调换。这是非常不利于提升生产效率的，而且容易造成体制僵化，让员工内部形成逃避责任的氛围。

对于那些必须授权的工作以及那些员工分内的工作，管理者必须给他们决策的权力，让他们能在合理范围内发挥主观能动性，承担起工作责任，并提高工作效率。

6.1.2　应该授权的工作：风险不大或风险可控

一般，员工通过了实习期，具备独立工作的能力后，就应该被授权。例如，公司新招了一位部门主管，每个月需要撰写部门计划及目标。这项工作在他刚来时由总经理负责，但半年以后，这个工作还由总经理负责，这种状况就是不正常的。新员工进入公司几个月后，对工作已经有所了解，且具备独立完成工作的能力，这时候，领导就应该把他职责范围内的权力交给他。有时候，管理者常抱怨员工工作完成得不好，这时就应该反思一下，是员工真的没能力，还是管理者从来没让他得到过锻炼。

应该授权的工作是指风险不大或风险可控的工作。这些工作对于员工来说有挑战性，可以让他们得到应有的锻炼，例如召开项目会议、招聘新员工等。对于公司来讲，这些工作完不成会带来一定损失，但这种风险并不大，因为主要决策工作会由管理者把关，员工在完成工作的过程中也会和管理者沟通，如果出现问题，马上就能被控制和纠正。所以，这些工作的风险并不大，管理者可以拿它们锻炼员工的能力，让员工学会为他们的工作承担风险。

小周在公司负责文案工作。有一天，公司要组织一场大型活动，由于小周思维敏捷，工作细心，管理者便安排她负责会务，并承诺她一切相关资源都可以任她调配，并且有不懂的地方可以随时来找自己询问。

小周因为之前没有组织活动的经验，刚开始本来有些担心完不成工作，但管理者的承诺给了她极大的信心，她决定挑战一下自己。于是，小周开始不辞辛苦地找会场、调配人员、布置场地，虽然这中间遇到了诸多不顺，但管理者都给予了小周最大的支持和鼓励。最终，小周出色地完成了会务工作，公司的活动也获得了圆满成功。

案例中的会务工作就是一项应该授权的工作，虽然把它交给小周可能会存在一定风险，但管理者做到了充分支持和协助，把这种风险降到了可控范围内。最后也证明，管理者的选择没有错，小周不仅出色地完成了任务，还增长了自己的工作能力和自信。

6.1.3 可以授权的工作：领导可以做员工也可以做

有一类工作，领导可以做员工也可以做，它们就是可以授权的工作。管理者把这些工作授权给员工，主要是为了培养员工的能力，以防自己不在时，团队工作停摆。这些可以授权的工作需要符合三个特征：一是问题需要多方协调；二是处理不好肯定有麻烦；三是工作可以极大地激发员工的积极性。

但是管理者也要注意，对于可以授权的工作，管理者可以把处理具体问题的工作授权给员工，至于那些显示身份的工作，如参加董事长组织的战略说明会等，就不要让员工代劳了。

张经理深谙工作需要授权的道理，可他最近发现他给了员工足够的权限，员工却丝毫提不起干劲来。原来张经理每次向员工交代工作时总是说："这项工作就交给你了，现在都由你做主，不必跟我请示，只要在月底告诉我结果就行。"除此之外，他还经常让员工代替他去总部开会，代替他和客户交涉。而他自己却从来不过问这些工作的进展，只在月底问一下结果，要是工作完成得不好，还经常不分青红皂白地批评员工。

张经理的员工们都被他这种管理方式折磨得苦不堪言，纷纷觉得这个部门有没有张经理其实都无所谓，反正他连必须自己负责的工作都不做。那些被授权的员工也很苦恼，他们觉得张经理把工作交给他们，却说怎么处理都可以，自己当起了甩手掌柜，这根本没让他们得到被重视的感觉，甚至觉得这工作根本不重要。

案例中的张经理犯的是授权过度的错误。管理者一旦没有把可以授权的工作与不能授权的工作做好区分，而是仅把工作一股脑儿地全部丢给员工做，就可能会出现授权过度的错误。而且张经理授权工作的方式也比较草率，既没有向员工说明工作的重要性，也没有明确工作的要求和规范，导致员工有没有受重视的感觉，所以才会消极怠工。

高明的管理者会下放一定权力给员工，又会给他们营造受重视的感觉，让他们认为只有自己可以承担如此重要的工作。他们还会检查督促员工的工作，但又不会让员工感到有名无权，而是感到有管理者在背后支持的安心感。

6.2　对员工留二分之一的信任

管理者既然把工作交给了员工，就要信任员工的工作能力，不要总是去干扰员工的工作计划。但是，管理者也不能完全当甩手掌柜，对授权的工作不闻不问，最好的办法是对员工留二分之一的信任，既不干扰员工的决策，又要有交流、有监督。

6.2.1　授权需经过员工的同意

在教育行业，有句话叫“因材施教”，而在职场中，这句话也同样适用。例如，在给员工授权前，管理者就要先和被授权者充分沟通，明确被授权者的才能大小、知识水平以及工作意愿，切不可将自己的主观臆断作为授权依据。

主持人小杨在从商 5 年后，决定把自己公司的股权无偿捐献给社会，不仅如此，他还辞去了公司所有的相关管理职务，此后继续从事他喜欢并擅长的文化传播事业。

后来，当他接受记者采访被问到做这个决定是否后悔时，他说："虽然做出这个决定愧对投资项目人，但我并不后悔。自从开始经商，我的压力从未断过，而且因为我的理想主义，商业这条道路对我来说注定是荆棘丛生的，它让我感到了挫败，完全没有让我体会到像做主持人时的成就感。我觉得我的激情在于文化而不是商业。"

这个案例给所有的管理者一个警示：在授权前一定要与员工充分沟通，了解他的能力是否适合承担工作。案例中的小杨作为主持人时非常优秀，但让他管理一家文化公司，他却无法成为一名出色的CEO，不仅丝毫没有商业意识，还因为自己的理想主义做不出对公司有利的决策。这说明做某一件事优秀的员工，在做其他事时不一定会同样优秀。

所以，在授权前，管理者要和员工沟通，说明工作内容，了解员工能力，确定他是否有足够的能力和意愿承担工作并肩负工作责任。

1. 了解员工能力

一个人能力很强，不代表他方方面面都强，也不代表他一直都很强。所以管理者要提前对员工的教育背景、兴趣特长、性格特点等进行考察，看他的相关储备是否与该工作相匹配。

2. 介绍工作内容

管理者要仔细向员工说明工作内容，包括需要的资料以及该工作的进展程度。这可以让员工初步理解工作，并在心中初步评估出自己是否能胜任该工作。

3. 介绍工作目标和要求

管理者需要向员工明确工作的具体目标和要求，相当于提前为他明确责任，有助于理解工作的重要程度并提前做好承担责任的准备。

4. 沟通被授权者的意愿与动力

如果被授权者表示出犹豫或拒绝的态度，管理者还需要增强他承担工作的意愿，如告诉他为什么选他，他有什么能力与工作匹配，他能通过这个工作实现什么成长等。如果不被管理者要求，大多数员工都是不想主动承担责任的。所以，管理者就要“推”他们一步，提升他们的意愿。还有些员工比较内向，对自己的能力缺乏自信，管理者就可以通过这种方式鼓励他们，增强他们的自信。

5. 了解被授权者对工作的初步设想

沟通的最后一步是了解被授权者对完成工作有哪些想法和见解、可能遇到的问题以及需要的支持等。这是引导被授权者初步制订工作计划，也是在为他后续的工作明确方向。

6.2.2 “权”“责”都要给

管理者除了要给员工授权，还要给员工授责。员工接受了权力，同时也意味着接受了责任。如果员工的工作没有做好，需要承担相应的责任。这样可以防止员工滥用职权，增强他们的责任感，让他们更加用心地对待工作。

那么“权”要如何给呢？有些管理者觉得先简单和员工说一下工作内容，然后员工需要什么权限再和自己沟通就行了，这其实是一种低效的解决办法。“需要”这个范围太宽泛了，如果不提前规划，员工实际上还是要在工作过程中事事请示，必然会提高沟通的时间成本。

下面以一家餐饮企业为例，介绍管理者在为餐厅经理授权时，如何划分必要权限、弹性权限与补充权限，实现权责对等。

1. 找出履职的权限底线

权限底线是指员工负责该工作必须要有的权限，如果这些权限缺失，员工就无法正常工作。具体可以按人、财、物、事这几个维度划分。例如，人事权限可分为任免权、考核权等；财务权限可分为折扣权、费用报销权等。

2. 找出有助于履职的弹性权限

弹性权限可以帮助员工更好地履行自己的职责，管理者可以从员工的过往任职经历中提炼，例如，员工在之前的工作中特别擅长活动策划，管理者就可以在财务权限中，增加可以自行策划实施团购或促销活动的权限。

3. 找出有助于经营目标达成的补充权限

补充权限是对基本权限与弹性权限的补充。管理者可以基于员工承担的经营指标倒推有助于目标达成的权限。这部分权限的界定需要与员工特别沟通，明确权限涉及的事项与范围。所谓权大责大，管理者要把握好放权的度，避免员工因贪图权力，夸大其词，最后却影响了目标的实现。

以上分析，管理者可以用工具表（见表6–1）分析、整理基本权限、弹性权限、补充权限的涵盖范围，并作为和员工讨论时的依据。

表6–1　权限分析工具

		履职的必要权限	沟通探讨的权限	
维度	事项	基本权限	弹性权限	补充权限
1. 人事权				
	1.1 任免权			
		1.1.1 前厅经理任免建议权		
	1.2 考核权			
2. 财务权				

管理者要知道管理是动态与变化的，自己不可能为员工的工作进行完整授权，总会有权限涉及不到的部分。对此管理者可以为员工保留一些机动性，不要把权力限制得太死板，让员工有权自行决定一些意料之外的影响小的事情。

6.3　把权力的引线放在自己手中

对于已授权的工作，管理者要进行合理地控制，既要给员工支持，让自己了解工作的进展，又不能让员工的思维被束缚，能自己主导完成工作。

6.3.1　授权不是弃权

《韩非子·扬权》中说道："有道之君，不贵其臣；贵之富之，彼将代之。"意思是懂得管理方法的君主，会给臣子一定的权力，但不会让臣子过于显贵。如果臣子过于显贵，一定会开始设想将君主取而代之。同理，在现代职场中，管理者授权给员工，是为了最大限度地提升工作的效率。但是，授权不是弃权，管理者不能当甩手掌柜，听之任之，否则，授权超出合理范围，势必会反噬管理者。

春秋时鲁国的阳虎，非常有才华，是个能臣。但他在鲁国做官期间，用权力为自己谋取私利，聚敛了无数财富，后来因人举报，被驱逐出鲁国。后他又来到齐国，帮齐王训练军队，取得了不错的效果，但是不久之后，他开始玩忽职守，又逃出了齐国。随后，阳虎来到了赵国，赵王让他辅佐处理朝政。

赵王的亲信问赵王："阳虎名声不好，而且自私重利，为什么还给他这么大权力呢？"

赵王说："阳虎可能会徇私，但我会监督他不给他机会。即使他有徇私的想法，也不会如愿。"

赵王如他所说的那样监督阳虎，让阳虎发挥了自己的才能，帮助赵国推行了一系列改革措施，使赵国由弱变强，在各诸侯国中拥有了一席之地。

授权不仅是简单地授予员工权力，而是要授中有控，既让员工充分发挥才能完成工作，又把重要的主导权留在自己手中，古代君主管理臣子是这样，现代企业管理也应该是这样。

沃尔玛公司创始人沃尔顿在创业初期十分辛苦，公司的大部分工作都需要他亲力亲为。随着公司的壮大，他渐渐开始力不从心，意识到自己不可能参与公司的一切工作，必须给员工授权，让他们从单纯的执行者成为管理者。

于是，在第二家沃尔玛店开业时，沃尔顿将属于自己的权力分给了一些优秀的管理人员。随着公司的发展，他又将更多的工作交给了员工，而且允许员工自由行动、自主决策，包括根据销售情况订购商品和决定促销策略。

在授权时，沃尔顿一直注意维护员工自主权与公司控制权之间的平衡。一方面，他制定了许多规定让各分店的员工遵守，要求公司的每一位职员都要牢记并严格遵守员工手册；另一方面，他给了每家分店足够的自主权，让他们可以自行决定商品订购、促销计划，以在市场变化的第一时间对销售方案做出调整。

这一举措让沃尔玛公司获得了更大的发展，公司详细且明确的规定成为牵制各分店的一根绳子，让各分店不能谋取私利；同时各分店又有足够的机动性，可以随时调整销售方案，不用向上级请示，极大地提升了工作效率。

那么，管理者如何做到授中有控呢？

1. 先员工想到问题的可能性

管理者必须在交代工作时就想到可能出现的问题，然后根据这些问题决定授权的程度并规定相应的职责和利益。这一步是在事前为员工明确工作的利害关系，即让员工知道有规定在前，不敢谋取私利。

2. 权力不能交错，不能闲置

授权是为了让员工成为管理者手的延伸、脚的延伸、眼的延伸和耳的延伸，但如果管理者同时给了两个人同样的权力，不仅不能让自己的手、脚、眼、耳延伸，反而会让他们“打架”。两个员工都想要功劳，不想负责任，最后只能造成责任扯皮，工作无人负责。另外，权力必须对应好负责人，管理者不能让权力闲置，否则权力相当于失去了作用。

3. 建立畅通无阻的信息传递渠道

管理者要及时了解员工的工作进展，要求其定期汇报，并对其进行必要的引导和核查，保证工作方向不偏离正轨。

4. 保留对员工工作的直接协调权

管理者对工作应保留直接协调权，当员工工作出现无法解决的问题时，管理者可以及时出手，力挽狂澜，避免工作陷入更大的危机。

只有授中有控，控中有授，及时引导检查，才能让授权在激发员工工作活力的同时，保留管理者的主导权，让工作风险始终控制在合理范围内。

6.3.2　进行过程控制

对于管理者来说，授权只是最简单的一步，授权后还要进行过程控制，就像放风筝时，风筝飞上天之后，需要适时拉一下线，控制风筝飞的高度及方向，如果只一味地放线，风筝可能飞不起来，或者飞上天后失控，脱离人的预想。

要想对风筝收放自如，管理者必须在下放权力时有足够的控制力，合理规范过程的发展，让最终结果不会偏离预期设想。

公司老板张总因为欣赏海归硕士小李的才华，想方设法把他招进了公司，并任命他为执行总裁。张总几乎把公司所有的决策权都交给了小李，自己则退居幕后。

可这样的授权并没有让公司更上一层楼。小李上任后，采用高度集权的管理模式，改变了公司原本的管理模式，不允许员工发表意见，独断专行，甚至还做了许多错误的决策，导致公司蒙受了巨大的损失，让公司上下议论纷纷，人心浮动。后来，张总无奈，只得辞退了小李，自己重新上任，整顿公司。

在这个故事中，张总的授权就没有进行过程控制，甚至因为他的不闻不问，间接让公司走了一段下坡路。倘若他能对小李的权力做出限制，让小李知道哪些东西能动，哪些东西不能动，并对小李的决策做出引导和纠正，就不会形成后来的局面了，也不会损失小李这一优秀的人才。

那么，管理者要如何做好过程控制呢？常见的方法有以下两种。

1. 根据工作目标和绩效标准进行过程控制

如果管理者授权的工作比较复杂，时间跨度比较大，管理者就可以把工作目标分成若干阶段来考察，要根据工作难度、员工能力以及工作完成时间来考量。对此，管理者可以在授权前与被授权者单独沟通，这样做有以下两个优势：

（1）了解被授权者对工作责任的理解以及承担该责任的态度和初步的工作思路，以便把准备做在事前，发现问题及时引导。

（2）为被授权者提供一个表态的机会，促使其提高认识、理清思路并做出承诺，这对被授权者也是一种巨大的激励。

2. 要求员工及时反馈

不管授权什么工作，管理者都要要求员工定期向自己反馈工作情况，说明工作中的重大事项，以保证工作沿预定轨道前进。

对此，管理者不妨列出一个授权后的等待清单。等待清单中的事情，虽然是授权出去的、不需要自己亲力亲为的工作，但要在截止日期前设置时间点进行跟进，随时关注进度。在这个过程中，管理者要随时根据现状进行调整，如果发现被授权者需要帮助，就要适当地给予资源上的支持。

团队协作是确保事务完成质量的重要因素。授权的工作虽是责任到人，但也不能鼓励员工蛮干、硬干。管理者应该营造一个积极沟通的团队氛围，积极协助员工处理执行工作过程中出现的问题，帮助其找出错因，以求让整体工作高质量完成。

第 7 章
建立沟通系统：双向交流，驱动效率提升

沟通是指人与人或人与群体间传递和反馈情感思想的过程，它的目的是使双方思想达成一致，使感情通畅。职场中的高效沟通，是指在沟通目标、结果、截止时间明确的情况下，团队上下级通过沟通能高效完成工作的一种沟通方式。它要求管理者掌握“换位思考”思想，在沟通时明确员工的“需求”，围绕其需求，通过“讲故事”、聆听、引导等手段，达到沟通目的，达成双赢局面。

7.1　沟通的内容

有些领导认为沟通就是：我说，你听。结果，每天给员工讲一些没有营养的大道理，告诉员工要努力、要上进，最后磨破了嘴皮子也没什么效果，还落得一个假、大、空的名声。事实上，久经职场的员工们早已免疫了职场“鸡汤”，他们更想听到真正有用的见解或者看到管理者身体力行的实践。

7.1.1　好故事

有时，我们会发现比起干涩的大道理，员工更容易被故事感染。很多知名公司管理者都很重视故事这一表达形式，IBM 公司甚至专门请了有 15 年好莱坞剧本编辑经验的剧作家担任公司顾问，耐克公司同样也邀请了好莱坞的著名编剧担任“首席故事官”，负责训练经理们讲故事。

这些大企业之所以不惜重金来践行故事这种沟通模式，是因为在这些管理者看来，管理者的讲话方式应该是生动且具有说服力的。一个包含重点，有人情味的故事，远比一叠统计数据更有说服力和影响力。

管理者讲故事不是单纯地向员工传达故事本身，而是告诉员工包含在故事中的重要信息，因此这个故事的设计应该是有讲究、有方法的。企业管理专家诺尔·迪奇总结出了企业管理者常给员工讲的三种故事类型。

第一种故事类型，我是谁，我怎么样。这种故事的主要内容是管理者个人的丰富经历和成功经验，它可以丰满管理者在员工心中的形象，从而拉近和员工的距离。

第二种故事类型，我们是谁，我们要怎么样。这种故事的主要内容是团队的发展和建设，它可以激发团队协作精神，让员工更有凝聚力。

第三种故事类型，我们将来会怎么样。这种故事的主要内容是企业发展之路，它可以激发员工工作积极性，让员工更有奔头。

三种故事类型有各自不同的作用，但无论是哪种故事类型，都应包含关键的 5 项要素，见图 7–1。

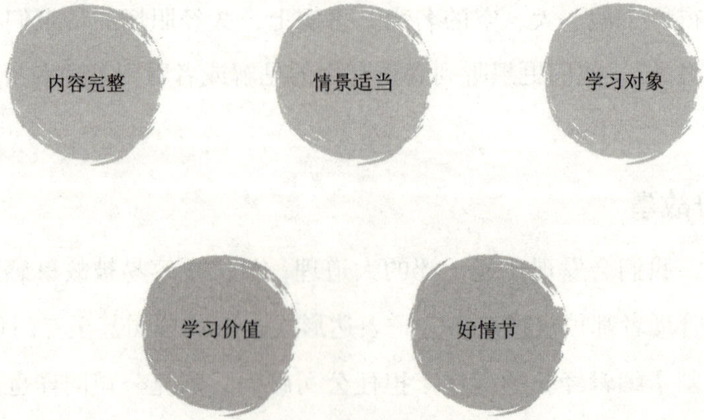

图7–1　好故事的五要素

1. 内容完整

内容完整是故事的基础。如果管理者想要传递完整的信息，充分表达其中的精神内涵，就要保证故事有头有尾，完整且详细。

2. 情境适当

故事的发生一般都会依托一定的情境。只有情境和所表达的内涵相一致，故事才能被更好地理解和领会，发挥出积极的效果。因此，管理者在讲故事时，一定要注意对情境的塑造，让故事更真实、更有代入感。

3. 要有学习对象

故事中的学习对象，能起到榜样的作用。例如，管理者在输出企业价值观时，就可以在故事中塑造一个秉持价值观的标杆形象，方便员工学习。

4. 要有学习价值

管理者讲故事的目的是希望员工能从中学到知识、受到教育、获得进步。因此，故事一定要有学习价值，让员工听了之后都能有所收获。

5. 要有很好的情节

好的情节设置是故事吸引人的前提，只有真正被故事吸引住了，员工才能更好地理解其中蕴含的道理。因此，管理者要清楚员工想什么、需要什么、忌讳什么等，把故事讲到员工的痛点上，让其下意识地被故事吸引。

7.1.2　好问题

员工在工作中遇到问题可能会向管理者提问，那么这时，管理者应该如何应对呢？不专业的管理者，当员工问问题时，会立马给员工答案。而专业的管理者，不会直接告诉员工答案，他会问员工是否经过深思熟虑，并引导员工自己找到答案。

第一种情况，管理者直接帮员工解决问题，会让员工养成一有问题就找领导要答案的习惯，从而把管理者变成了执行工作的人。这样会导致管理者越来越忙，而员工成长越来越慢。

因此，面对员工的问题，最好的解决方式不是给答案，而是提问题。彼得·德鲁克曾说："一个优秀的管理者都是一切问题到此为止的人。一个优秀的员工都是提前准备好答案的人。"

当员工向领导问问题时，就必须提前准备几套方案供领导选择。管理者要做的是选择题，而不是填空题。作为一个专业的管理者，如果员工来问问题时没有准备好方案，管理者要做的不是直接给员工答案，而是问问题，引导员工站在领导的角度、客户的角度去思考问题，想出解决办法。

下面是一个当货物不能按时到达时，管理者与员工沟通的案例。

小李："王总，铁路货运和公路货运都爆仓了，咱们的货可能没法按时送到了。您看怎么办？”

王总：“赶紧去联系空运，运费多一点没关系，货必须按时送到。”

过了一会儿小李又回来了，说：“如果改空运，运费得上浮30%。您看呢？”

王总：“不行，我们只能增加10%的运费。你跟货运公司那边说，这本来就是他们的责任。”

过一会儿小李又回来了，说：“他们说陆运盯紧一点，应该也能按时到，您看呢？”

王总有些生气：“什么叫应该？如果没有100%的把握，必须空运。要是出了问题，我们会面临巨额赔偿。”

这样来来回回折腾了好几次，问题还是没有解决，最后王总只得亲自出面才和货运公司沟通好。为什么两个人反而解决不了问题呢？归根结底，其实是王总的沟通思维出了问题。王总在沟通过程中直接给出了问题的答案，把员工小李变成了传声筒，实际上还是王总在和货运公司沟通。如果王总按照下面方式沟通，引导小李自己解决问题，事情就能得到更快解决。

小李：“王总，铁路货运和公路货运都爆仓了，咱们的货可能没法按时送到了。您看怎么办？”

王总：“这个客户很重要，货物必须按时送到，你有什么办法吗？”

小李：“可以改空运，但是运费会上浮。”

王总：“空运的确很保险，但我们的运费预算是××，你觉得上浮多少我们双方都能接受呢？”

小李：“10%～20%吧。太低了货运公司也不会同意，太高了就超出我们的预算了。”

王总：“那么你要如何说服他们接受10%，而不是20%呢？”

小李：“我们是他们公司的大客户，而且货不能按时到责任在他们。我会告诉他们上浮 10% 是我们的底线，他们要是不想终止合作关系，应该会考虑的。”

王总：“可以，就按你的思路跟他们交涉吧。”

这样，通过一个又一个的问题引导员工自己想出解决方案，既能让员工的能力得到锻炼，又能让员工更有信心地对待接下来的工作。因此，作为一个管理者，不要总是包揽一切，不把思想还给员工，员工只能做一个提线木偶，自然很难拥有令人满意的执行力。

7.1.3　好行动

管理者是团队的排头兵，也是榜样，很多员工都会下意识地模仿领导的行为和态度。因此，管理者要想让员工高效工作、奋发上进，就必须先严格要求自己。只有管理者以身作则，才能得到员工的信任与服从。

如果管理者想树立威信，那么管理者就更应该留意自己的每一句话、每一个行动。否则在员工眼中，管理者就是一个消极怠工、口无遮拦的人，他们就很难去发自内心地信任管理者，充其量只做做表面功夫。高情商的管理者都明白，只有让员工从心里觉得自己是可以信赖的，才能激发他们去主动承担责任。

微软公司的首席执行官史蒂夫·鲍尔默，是微软公司有名的行动家，他有着超强的执行力和自律意识。在工作上，鲍尔默异常严厉，不管是对待自己还是对待员工都一视同仁。同时，他还提出，经理人不能经常说空话，想让员工做到的，自己应该先做到。因此，微软的管理层不存在自己不做事只让员工做事的情况。另外，勤奋也是鲍尔默一直践行的管理原则，他对微软的每件事情、每个工作环节都了如指掌，同时要求自己的经理们也这么做。所以，他成了员工们当之无愧的榜样。

员工时刻都在观察领导。如果一个团队拥有一个像史蒂夫·鲍尔默这样严于律己的管理者，不管什么要求，都自己先做到，那么他就会成为最严格的监督者，让所有员工受到这种自律气氛的感染，从而按照管理者的的行动要求自己。

日本三洋电机公司总经理井植薰说过："不能制造优秀的自己，怎么谈得上制造优秀的人才。优秀的领导人才能制造出优秀的人，优秀的人才能制造优秀的商品。更优秀的自己和更优秀的他人，就是三洋电机的特色。"

井植薰在实际管理过程也在时刻践行这句话。他这种极度自律的管理方式，感染了三洋电机公司的所有员工。自从升任为三洋电机公司的总经理后，井植薰就没有为自己制定过额外的标准，凡是要求员工做到的，他都会自己先做到。公司的制度规定，他都是第一个实践的人，并且严格履行。

例如，三洋电机公司有一个规定：因为当时手机等通信设备还没有普及，一旦紧急事务需要处理找不到负责人，就可能会耽误大事，所以公司规定员工每次外出时都要让公司中的一个人知道他的去向。在这项规定推行之前，井植薰就开始实践了。他每次外出时都会告诉公司中的一个人，就连私事也没有例外。因此，当这项制度推行后，全体员工都没有怨言。

井植薰在公司谈话时经常讲道："管理者如果认为公司的规则只为普通员工而制定的话，就大错特错了。它应该是公司所有人都必须遵守的规矩，包括总经理、公司总裁、董事长等高层。假如因为自己是公司高层，下面的事有人代劳，就以为迟到几分钟没关系，那是绝对行不通的。大家都听过'上行下效'吧？管理者做出了榜样，下面就有人模仿。这种模仿，长此以往会造成公司上下的懒散作风，足以让一个前景不错的公司走向失败。"

有一次，一位记者问他："您现在年纪不小了，还总是以身作则，会不会吃不消？"井植薰回答道："再累也要坚持。不以身作则，对员工就没有影响力和号召力。我作为三洋电机公司的总经理，公司上下有 7 万双眼睛盯着我，我必须谨言慎行，不能做出坏的表率。”

如果管理者总是严格要求别人，很少严格要求自己，久而久之，员工便会习惯管理者的处事方式。那么当他们走上管理岗时，也会成为只要求别人，不要求自己的领导，从而形成一种恶性循环。这种恶性循环一旦形成，对企业发展和个人进步，都没有好处。

员工的眼睛是雪亮的。如果领导行为有偏差，即使他的发言再完美，也不会打动员工；即使他制定的制度再完善，员工也不会去努力施行。一个优秀的管理者并不是靠制度和权威来让员工信服，而是靠个人魅力和品格。员工在决定要不要追随一位领导时，更多的是看他的品格，是看他实际做了什么，是看他的自制力和纪律性。只有那些懂得律人先律己的管理者，才能真正在员工心中树立权威，才能打造出真正优秀的团队。

7.1.4　好监督

有些管理者喜欢经常跟员工强调自己觉得重要的事，但是强调完又不检查、不考核，导致这件事情只能停留在“口头重要”的程度，永远不能落实。因此，管理者对待自己日常强调的事情，应该及时检查和考核，否则就等于不重视，员工不去做也是理所当然的。例如，酒后驾车就是因为加强了检查，才能被有效遏制。然而，检查不是单纯的业绩考核，它需要管理者做到事前预防、事中分析、事后改进。

1. 什么重要就预防什么

检查不能只存在于事中。如果管理者觉得某件事情真的很重要，就要确保其结果一定是好的。因为不管是事中检查出了错误还是考核结果不好进行事后补救，其造成的损失都已经无法挽回。因此，管理者在事前就应该增加“预防”，让这件重要的事情按照正确的轨迹被执行。

2. 什么重要就分析什么

在工作过程中，影响工作结果的因素有很多。例如，某工厂经常出现发错货的问题，管理者对此制定了考核政策，按照员工的发错率给予奖励或惩罚，但问题并未得到有效遏制，甚至加大了罚款力度也没有解决该问题。最终经过管理者的分析后发现，发错货的原因是有一个员工是色盲，所以无论自己制定什么样的制度都不能避免他发错颜色。解决该问题的最好办法其实是调离该员工。

这个案例说明，管理者在检查重要的问题时不能只看表面，而是要深入问题的本质进行研究。只有管理者找对问题的方向，员工才能有效执行，否则管理者的强调也只能是空喊口号而已。

3. 什么重要就细化什么

还是以前文发错货的问题为例，发错货作为管理者反复强调的一件事情，导致它出现的原因可能有近百个，包括新员工不熟练、拣货手法错误、货物摆放错误等。管理者不可能把每个因素都检查一遍，因此，管理者需要找到这近百个问题的本质原因，只强调、检查最核心的因素。

4. 什么重要就改进什么

有时工作出现问题，并不是员工操作错误，而是缺少辅助工具或设备存在缺陷，需要增加技术支持、优化设备。所以，管理者在检查时如果发现这样的问题，就要及时改进。不要总强调员工的职责，而忽略了自己的职责。

5. 什么重要就关心什么

有时工作出现问题的确是员工的原因，但却是企业制度不合理造成的。例如，员工发错货可能是因为疲劳，而员工会出现工作疲劳，却是因为企业很少安排员工轮换或休息。因此，管理者在检查自己强调的问题时，还要注意挖掘深层原因，不要一味只让员工改正，动不动就批评指责，要用关心替代检查，让管理更加人性化。

7.2　沟通的方式

有些管理者跟员工谈话时，喜欢自己滔滔不绝地讲，本来应该是员工主导的环节，结果变成了管理者一个人的说教时间。最后等管理者讲完了，员工随意敷衍一句就结束了对话，结果员工想说的一句也没说成，谈话也就没有效果。因此，管理者要学会聆听，让员工充分表达自己的意见和想法，从而保证沟通的效果。

7.2.1　共情法：换位思考

在聆听过程中，传达共情，换位思考是非常重要的。毕竟每个人都希望自己在表述时，对方能用心聆听，并站在自己的角度上思考问题。

例如，员工说："去高档小区做地推根本就行不通，小区出入都需要刷门禁卡，如果我们强行混入，马上就会遭到保安驱逐。不仅起不到宣传的作用，还会损害公司形象。"

管理者应该这样回应："你说得很有道理。这样不仅有损品牌形象，还会让你的业务难做，确实应该另想法子去推广。"

管理者如果能这样设身处地为员工着想，理解下属的想法，而不是对下属强加指责，单纯地认为下属在推卸责任，那么沟通可能就不会变得那么困难了，上下级的摩擦也能适当减少。那么，要如何才能做到共情式聆听呢？

1. 全然投入

共情式聆听需要管理者先放弃以自我为中心来看待问题，全然投入到员工的个人体验中。

张经理特别喜欢找员工谈话，但每次谈话都会克制不住自己的表达欲望。有一次，他找 HR 小林商量改进员工培训的问题，小林向他反映了一些新进员工的问题和对公司的反馈，可还没等小林说完，张经理就打断了他。然后发表了一通自己认为新进员工应该如何做的观点，全然不管实际情况。最后，小林直到走出办公室也没能把新员工的意见反映给张经理。

案例中的张经理已经意识到了沟通的重要性，但却始终以自我为中心看待问题，开口闭口都是“我认为你要怎么样”，没有站在员工的角度去想他们认为好的培训应该是怎样的。如果张经理没有意识到这一点，就会很难做出接地气的决策。

2. 放下偏见

和共情式聆听相对的是倾向性聆听。也就是说管理者在聆听前就已经有了自己的偏好，在聆听时，会不自觉地按照自己的想法思考，反而把他人的言语当成了耳旁风。

销售部的小王平时工作认真努力，业绩也不错，但总是在处理事情时不注重细节，有些小马虎。有一次，小王交给刘经理的资料中少了一份客户资料，小王与刘经理解释说是因为客户要作调整所以资料还需要修改。结果刘经理听完小王的解释，还是对他说了一句“你怎么就不能仔细一点呢?”小王觉得很莫名其妙，明明是客户的问题，但刘经理的言语中还是在责怪他不仔细，这让他觉得很不舒服。

刘经理在这个案例中犯的错误就是倾向性聆听。他在开始听之前，心中已经认定了小王是因为不够仔细才会犯错误，所以在这个倾向性的引导下，共情力被削弱，于是就脱口而出了自己认定的答案。这样的沟通很难产生共鸣，而且会大大打击小王改正自己缺点的积极性，让他始终只能做一个“不仔细”的人。

3. 放下同情

管理者在沟通过程中要注意有一种情绪跟共情很接近，那就是同情。同情是指跟别人一起体验情绪，多关注过去的感受；而共情则是指到他人内心去体验情绪，多关注当下的感受。

小董因为和办公室的老员工发生了冲突，而遭到了排挤。陈经理好心找小董谈话，结果还没等小董说完冲突的原因，陈经理就开始讲述自己刚进公司时的经历。陈经理持续讲了 30 分钟自己的经历，然后劝小董说公司不是学校，让小董谦虚一点多和老员工交流、多参加他们的活动。小董直到走出办公室也没觉得自己得到了安慰，而且陈经理并没有帮他解决被排挤的问题。最后小董因为实在处理不好同事关系，选择了辞职。而陈经理还一直觉得是小董年轻气盛、小题大做。

这个案例中陈经理就是用同情式聆听和小董谈话，其实从陈经理开始讲述自己的经历时，整个谈话的重心就从小董身上转移到了陈经理自己身上。小董无法从陈经理的悲惨经历里获得安慰，反而会觉得这件事没有引起陈经理的重视，他只不过是在敷衍自己罢了。

同情是可以不介入他人的内心，就与其产生情感联系的方法，而共情则需要进入对方的内心，聆听对方的心里话。有时候我们为了贪图捷径，会下意识用同情替换共情。同情会阻碍管理者真正理解员工的内心世界。因此，管理者在聆听时，要把员工当作最特别的存在，以他们为中心，关注他们当下的情绪，挖掘他们隐藏起来的自己。

7.2.2　反馈法：推进谈话

在沟通的过程中，管理者不能唱独角戏，但是管理者也不能让员工唱独角戏。因此，管理者在聆听员工的汇报时要积极回应，这个回应不同于反馈。反馈是要提出解决办法，而回应则是为了继续获取信息。

例如，管理者在听员工讲话时，如果员工的某些细节没有讲清楚或自己没有听清楚，可以在员工讲话停顿时去询问，或者如果遇到了自己比较感兴趣的话题，可以在员工讲完时深入地了解一下。另外，管理者还可以回答一些语气词作为回应，如“嗯”“对”“是啊”等。这样做既能让员工感受到管理者确实在认真聆听，又能让谈话顺利地推进下去，有利于管理者获取更多的信息。

一般管理者的回应主要有以下三种表现形式。

1. 冷漠

这种表现形式主要表现为“你说你的，我没有任何反应”。管理者的冷漠会在无形中制造紧张氛围，员工不知道管理者对他的汇报是否满意，会逐渐开始紧张，进而越来越小声，希望能马上结束这场汇报。这样是不利于管理者获取信息的，因为员工可能因为紧张省略内容或者不敢说出自己的真实想法。

2. 同情

这种表现形式主要表现为“这样确实太难为你了”。管理者在某些问题上对员工表示同情，可以消除他们的负面情绪，让谈话更好推进。员工会觉得管理者并不是不理解他的难处，进而也会更愿意和管理者说出心里话。

3. 关切

这种表现形式主要表现为“太难为你了，我能帮上什么忙吗？”这样的表达方式在引起员工共鸣的方面比同情更有用，而且管理者能通过询问的方式引导员工想出解决问题的办法，从而真正帮助员工解决问题。

7.2.3 甄别法：寻找重点

著名作家鲍威尔说：“我们要聆听的是话语中的含义，而非文字。在真诚的聆听中，我们能穿透文字，发觉对方的内心。”

聆听的主要目的是理解员工要表达的意思，同时，准确理解员工、明确关键信息也是推进沟通的关键条件。成功的管理者聆听时都会伴随思考，他们会不断搜寻员工问题的矛盾点以及核心要点，明确员工对事情的看法，在员工说完时，第一时间给出中肯的意见。如此沟通，不仅会使沟通变得更加的顺畅，还会获得员工的好感与尊重。

那么，管理者应该如何聆听出关键信息呢？

1. 听完全部信息

聆听的大忌就是打断对方，管理者有时会认为自己已经找到了重点，就直接告诉员工不要往下说了，然后匆忙定下结论。而这个结论很可能是有失偏颇的，而且终止员工的汇报对员工也很不尊重。管理者在聆听时要耐心一点，不要听到一半就心不在焉，这样很容易错过关键信息。

2. 注意细节

管理者在聆听时可以记录一些自己觉得重要的点和细节，最好能整理出它们之间的联系，有时关键信息就隐藏在细节中。

3. 听对方的感情色彩

员工汇报时的感情能体现出他对某些问题的态度，例如，语速快的地方可能是不重要的信息，加强重音和语调的地方可能是想要强调的信息。管理者要注意员工汇报时语调、重音、语速等的变化，以看出员工对问题的真实态度。

4. 注意潜台词

有时员工因畏惧领导的权威，不敢直接表达一些信息，就会借助“潜台词”。所谓“潜台词”是指人们在不方便直接表达时使用的说辞，例如员工说：“这次的项目就连 ××（某业务骨干）也是这样认为的”，他可能是想表达这个方案已经没有修改的余地了，而且他已经找最权威的人检验过了。管理者通过这些潜台词，可以清楚了解员工对问题的真实看法。

5. 克服习惯性思维

其实，人们总是会下意识地对听到的话进行评价，这些习惯性思维会导致管理者只能听到自己想听到的信息。管理者要想通过聆听取得突破性的效果，就必须打破习惯性思维的束缚，保持客观和理性。

7.3　沟通的要点

管理者特别是长期待在管理岗位的人很容易在和员工说话时摆出一副高姿态，觉得员工任何事都应该主动退让。这样的管理者其实已经和员工疏远了，他们很难听到员工的真心话。因此，管理者要学会放低姿态，寻求和员工的平等对话，从而完成高质量的沟通。

7.3.1　平复坏情绪

沟通专家道格拉斯·斯通曾言：“来自负面情绪的干扰，会让谈话偏离既定的主题。”一般负面情绪分两种，一是爆发式情绪，如争吵或争执；二是沉默式情绪，如沉默对抗或逃离沟通现场。

因此，管理者要注意不要在员工有情绪时强行讲道理，否则沟通可能会向不可控的方向发展，导致出现无法挽回的后果。管理者要帮助员工疏导情绪，让其尽快恢复理智，从而把谈话拉回正轨。以下是两个疏导情绪的小技巧。

1. 暂停对话，避免战火扩大

在员工情绪激动时，讲任何道理都会变成火上浇油，让对方更加难以冷静。这时最佳的处理方法是暂停对话，安抚对方的情绪，恢复谈话的安全氛围。

例如，员工对管理者的批评表示不满并且情绪非常激动，管理者可以这样说："小张，不好意思，如果我的话让你不舒服了，我可以道歉。"

这里的道歉并不是承认自己的观点错了，而是承认自己一时的言行失当。管理者主动示好，可以让员工的行为变得不占理。而且管理者没有与员工互相指责，也可以让员工心里少生出些怨气，快速恢复情绪。员工会觉得："领导都主动道歉了，那我是不是也要好好说话。"

2. 用"照镜子法"复制对方的感受，表达理解

当生活中遇到不开心的事情，很多人都会向朋友、家人倾诉，这时我们并不希望他们帮忙分析问题，而是希望他们跟我们同仇敌忾，一起吐槽几句。这就是沟通过程中的"照镜子法"，简单来说，就是对方表达了什么感受，我们也表达什么感受，像照镜子一样"复制"对方的感受。

哈佛大学教授罗杰·费希尔和心理学家丹尼尔·夏皮罗指出："人们的情感需求有五类，一是渴望被认同；二是希望找到同类；三是希望有自主权；四是希望地位被认可；五是希望能被尊重。"而"照镜子法"恰好满足了这五类情感需求。

例如，当员工因客户反复修改方案而情绪暴躁时，管理者可以这样说："这个客户就是事多，你再多费心一下，等事情结束了请大家吃饭。"

管理者切忌在沟通时，对抗员工的情绪，而是要多认可和理解。实际上，员工也知道必须满足客户的要求，但如果这时管理者跟他上纲上线讲职业素养，员工可能会更加烦躁，说不定会把情绪发泄到客户那儿去。与其这样，管理者还不如让员工向自己发泄几句，员工排解了坏情绪，也能更好地投入工作。

7.3.2　平等对话

有的管理者喜欢摆架子，动不动就居高临下地跟员工说话，这会让管理者在员工心中的形象大打折扣，也会让企业上下离心。如果管理者不肯放下架子，跟员工平等对话，就会在员工面前显得格格不入，没有员工愿意跟他真心实意地沟通。

管理者和员工之间一旦产生了难以逾越的鸿沟，沟通就会更加困难。放下架子，平等地跟员工对话，能使管理者在员工面前保持亲和力，从而更加心甘情愿地服从指挥。管理者要想与员工平等对话，要注意以下几个问题。

1. 与下属统一战线

在企业中，常会出现“胳膊拧不过大腿”的情况，员工好心提出的建议，却被管理者草率地一票否决。这是权力消极应用的情况，因为管理者觉得自己的权力大，就代表着真理，而其他人的建议只不过是在无理取闹罢了。而真正有才能的管理者会和员工站在同样的位置上，平等地商讨、争论。只有这样，才能真正得到真理。

2. 注意自身的生活习惯

平等对话的表现，除了说话的内容外，还有语气、动作、表情等的体现。因此，管理者要注意自己在和员工沟通时不经意流露出的小情绪，这些细节会直接关系到员工是否愿意和管理者更亲近。

3. 注重平等

在日常管理中，管理者要注意随时随地表现出随和、亲切的一面，不要总以领导自居，让员工觉得自己高不可攀，这样不仅不能和员工拉近距离，还会使自己在职场中越来越孤立无援。

同时，管理者还要注重和员工之间的人格平等。管理者和员工只是分工不同，没有人格上的差别。然而，因“地位效应”在某些人心中根深蒂固，他们认为地位越高的人越尊贵，地位越低的人越渺小，所以会下意识觉得自己高人一等。作为管理者，应该时刻牢记，所有人的人格都是平等的，它不会随着人的地位而改变，所以管理者应保持平等轻松的状态与员工沟通。

4. 尊重他人

人人都希望获得关系平等的交流。因此，管理者在责备员工时，切忌用一些会伤害员工自尊心的词汇。这些词可能会让员工感觉受到了侮辱，进而情绪失控，和管理者起冲突。这样并不利于问题的解决，反而会激化矛盾，损害管理者形象。所以，管理者最好只就事论事，适当责备即可，当员工知道错了，就不要再继续责备了。这时管理者可以适当激励员工，让他更有干劲。

第 8 章

绩效考评：要想管理好，绩效得抓牢

绩效考评是指用科学的方法对员工的成绩、工作成就进行观察、记录、整合，并做出评价的过程。绩效考评是企业管理中的一个重要环节。通过合理的绩效考评方法，企业能够对员工的工作进行综合评估，以达到总结、激励的目的。

8.1　组建绩效考评小组

绩效考评小组是对员工的工作成果采用科学的考评方式，评定员工工作完成情况，并将考评结果反馈给员工的小组。建立专门的绩效考评小组可以帮助公司制定一套详细的绩效考核制度，并保证该制度顺利、有效地实施。

8.1.1　绩效考评小组的人员构成

一个完整的绩效考核小组应当由执行长（公司人力资源部经理或总监）、推行委员（各部门经理或总监）、推行干事（人力资源部的绩效专员、各部门兼职负责的绩效人员）和审计委员（财务审计人员）构成，见图 8–1。

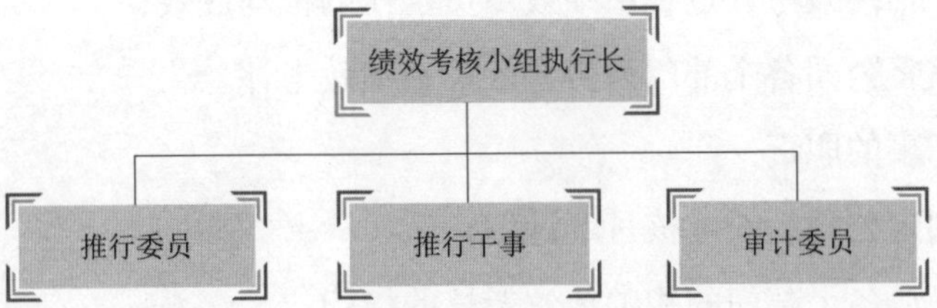

图8–1　绩效考评小组的人员构成

一般来说，除了绩效专员，其他小组人员一般都是兼职，例如，公司人力资源部经理或总监兼职担任绩效考评小组执行长。绩效考核小组通过制定明确、客观的考核标准，对员工进行绩效评定，并对员工的绩效结果进行分析，以激发员工的主动性和积极性，提高员工工作效率和业务能力。管理者能够通过建立绩效考评小组的方式，清晰明了地看到员工的具体工作情况，对员工的工作效率、态度及能力产生直观的认识。

8.1.2 分工协作，明确职责和权限

在绩效考评小组中，每一位成员的职责不同，其工作权限也不同。管理者应当明确考评小组的权限范围，促进绩效考评小组内部人员各司其职，分工有序，合理地推进相关工作的实施。

绩效考核小组组长的职责：

（1）起草绩效考核管理办法，制定绩效考核策略的标准；

（2）组织绩效会议；

（3）收集、评估员工的绩效考核数据，向管理者提交相关报告；

（4）考评结果的分析，提出改善方案；

（5）绩效考核小组的培训。

推行委员的职责：

（1）监督有关绩效考评的各项工作顺利实施；

（2）评估绩效考评过程中绩效专员工作的推动成效；

（3）监督公司各个部门是否有效推动绩效考评。

推行干事的职责：

（1）制定公司绩效考核月度计划；

（2）确认各个部门的相关绩效考核的指标；

（3）收集、检查考核数据，并处理员工有关绩效的投诉问题；

（4）宣传员工绩效（办公室宣传栏、工作群等）。

审计委员的职责：

（1）收集并汇总各部门的绩效考评数据；

（2）负责绩效真实性的审计；

（3）撰写并提交审计报告；

（4）对每个月的绩效数据进行对比分析。

8.2 选择绩效考评策略

绩效考评策略多种多样，管理者在制定绩效考评策略时，应先使用平衡计分卡衡量公司的发展战略，然后选择适合自己的绩效考评策略。另外，实施绩效考评策略方案的过程并不是烦琐、枯燥的，管理者可以将游戏化元素灵活地运用在考评策略过程中，让员工更高效、更有兴趣地完成考评。

8.2.1 有趣的前奏：正确使用平衡计分卡

平衡计分卡（Balanced Score Card，BSC）考核法认为，财务指标具有局限性，还不具备前瞻性。所以，公司应从财务、客户、运营、学习四个维度衡量自己的发展战略，见图 8–2。

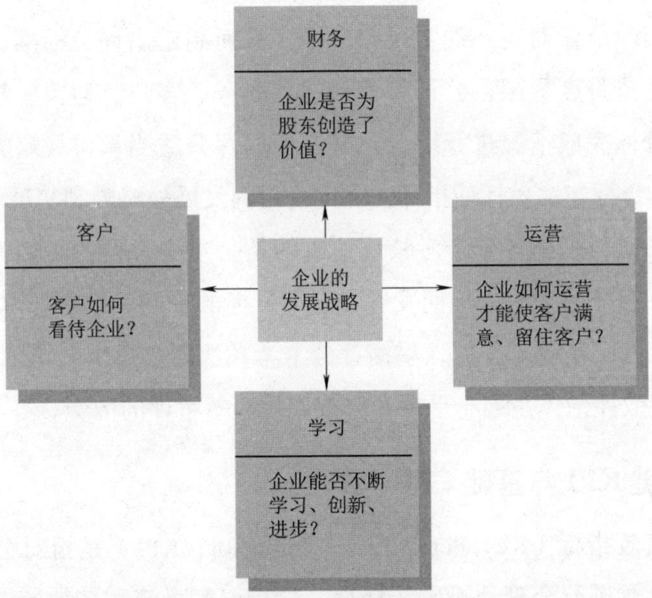

图8–2　四个维度

平衡计分卡考核法从这四个维度出发对公司的绩效管理进行了全面评价，既避免了以往仅依靠财务评估的迟滞性、短视性以及局限性等问题，又能科学地将公司的战略管理与绩效管理统一起来。

平衡计分卡考核法的具体实施步骤如下。

（1）以公司发展战略为指导思想，兼顾综合与平衡，依据公司的组织架构，将公司的战略目标细分为各部门在财务、客户、运营、学习四个方面的具体目标。

（2）依据各部门在财务、客户、运营、学习四方面的具体目标，确立相应的绩效评估指标体系。这些指标需要围绕公司的发展战略制定，平衡公司的长期发展与短期目标、内部利益与外部利益，综合考虑财务与非财务两方面信息。

（3）由所有部门共同拟定各项指标的评分标准。通常是将各项指标的期望值与实际值作对比，确定误差范围，从而制定出评分标准。考核周期一般以季度或月度为限，公司将各部门在财务、客户、运营、学习四个方面的工作目标完成情况进行综合评分，根据评分适当调整战略方向，或调整原定工作目标与绩效评估指标，确保公司的发展战略顺利实现。

总的来说，平衡计分卡考核法追求的是公司全方位的平衡，即财务标准与非财务标准的平衡、长期发展与短期目标的平衡、结果与过程的平衡、管理与运营的平衡等。因此，平衡计分卡考核法能够反映公司的总体状况，使公司的绩效评估体系趋于平衡和完善，是绩效考评的前奏。

8.2.2 关键 KPI 与基础 CPI

关键绩效指标（Key Performance Indicator，KPI）是指对公司内部流程的关键参数进行合理地设置、计算、分析，衡量流程绩效的一种量化式管理指标，是企业绩效管理的基础。

制定 KPI 具体实施步骤如下。

（1）确定公司业务重点。管理者应首先明确公司的战略目标，找出公司的业务重点，然后根据公司的重点工作领域制定相关的业绩指标，即公司级 KPI。

（2）分解出各个部门的 KPI。这份工作需要由公司的各个部门主管来完成，须根据公司级 KPI 建立部门级 KPI，并确定实现该 KPI 的工作流程。

（3）分解出每个员工的 KPI。各部门人员根据部门级 KPI 进一步细分，将其分解为更详细的指标，如各个职位的业绩衡量指标。这些指标是考核员工工作情况的主要依据。通过分级建立 KPI 指标，公司能够有效地开展员工的绩效考评工作。这种 KPI 指标分布建立的过程相当于全体员工向着公司的战略目标迈进的过程，对员工起着激励的作用。

（4）制定评价标准。公司需根据 KPI 指标制定评价标准，明确每一位员工的工作应该达到什么样的水平。

（5）审核关键绩效指标。审核主要保证的是该指标能否客观、完整地衡量出某部门或某员工的工作情况，保证该指标是否可以顺利施行。

基础管理指标（Common Performance Indicator，CPI）是指影响公司基础管理的某些指标。CPI 体现了一个公司各个层级的基础管理要求。CPI 的实施是 KPI 得以实现的保障。

CPI 和 KPI 有一定的差别，二者的区别可以从两方面识别：来源和考核范围。KPI 的来源是整个公司的总体发展战略，着重“关键”二字。CPI 的来源主要是公司的制度、流程和各部门职能。KPI 考核的是公司战略分解之后的内容，CPI 考核的则是每个部门必须达到的基础性目标。简单来说，KPI 影响决策，中上层管理者往往以 KPI 指标为主，如公司制度运行效果评价，公司制度建设完成时间等；CPI 控制过程，越是基层的员工越注重 CPI 指标，如会议通知安排的及时性，相关文件发放的及时性等。

8.2.3 游戏化在绩效考评中的实践

“游戏化”可以理解为将游戏设计的手段应用在非游戏的场景中，而“游戏化管理”就是将游戏元素融入团队管理中，为工作增添一丝趣味性。

“游戏化”在绩效考评中的应用主要是指把员工的工作用游戏元素如“任务、关卡”进行量化，配合“排行榜”“金币”等奖励机制，让员工愉快、积极地完成工作。游戏化的管理方式增加了工作的趣味性和工作进度的可视性，使员工完成工作后的成就感更为强烈。

近年来，为了充分调动员工的积极性，许多大企业逐渐尝试游戏化的绩效考评方式。例如，美国连锁零售企业塔吉特（Target）设计出一款评定收银员绩效的游戏，这款游戏使每一位收银员在结完单时都能从电脑屏幕里看到自己的结账时间，以及其在所有员工中的排名。而排名与奖金挂钩，当日结算。这款游戏的设计改变了传统的绩效考评模式，为烦琐的收银工作增加了趣味性，员工的积极性显著提高，结账时间明显加快，进而许多顾客都选择在该零售公司购买产品。

在绩效考评的实际操作中，管理者可以对绩效考评方式进行分步改革，以达到增强工作趣味性，提高员工工作积极性的效果。

1. 绩效成果立即“返现”

传统的绩效考评制度往往需要很长时间，才能给员工一个反馈成果，导致员工的成就感很低，对工作的热情随之减少。游戏化的绩效考评制度使得员工的每一步努力都有回报，充分激发员工的工作动力。例如，设计积分制绩效考评制度，以“固定积分 + 流动积分”的模式记录绩效，累积的积分能够兑换奖励。如员工保质保量完成某一项任务获得 2 积分，累积 50 积分后即可以兑换提前一个小时下班的福利。

2. 设计意外小奖励

某些游戏在玩家到达一定关卡后，会给予玩家类似“宝箱”的奖励，“宝箱”往往可以开出小惊喜，以激起玩家的好奇心和行动力。这种原理同样适用于团队管理中。员工可以在完成某一项附加工作或者特殊任务之后，获得额外的奖励。这种意外奖励既可以兑换小礼品，也可以和当月的绩效、奖金挂钩，例如一些可以增加绩效的“金币”。

3. 实现可以预见的成功

在《开心消消乐》游戏中，玩家可以通过查看进度，了解自己和任务目标还有多少距离，从而更有动力、有把握地完成任务，这种玩家可以查看的目标就是“可以预见的成功”。

在制定绩效考评时，管理者要让员工看到这种可预见的成功。首先，要明确员工的任务目标，充分使目标可视化；其次，要让员工明白自己的努力可以获得什么回报和奖赏。无论员工是否达到了理想的绩效成果，他都会觉得努力是可以换来回报的，这样员工在下个月的工作中会更加努力，绩效评分也会逐渐增长。

8.2.4　OKR 在绩效考评中的作用

OKR 对于企业来说有着重要的作用和深远的影响，它能够提高企业战略执行的聚焦度，培养员工的目标意识和结果意识。企业实施 OKR 也有利于企业各层级之间沟通，使企业结构扁平化。此外，OKR 的实施能够对员工起到很好的激励作用，激发员工的内在驱动力。

大部分的企业管理者都觉得企业没有实现更好的发展是因为战略目标制定错误，诚然，战略目标制定错误会导致企业发展不顺，但是即使是正确的战略目标也不一定会推动企业的发展。原因就在于企业的战略目标并不明确，执行目标的方向也模糊不清。

那么，企业管理者如何才能更好地利用OKR提高战略执行的聚焦度？这就需要企业管理者要做好以下五个步骤。

1. 明确企业总体目标

企业管理者在实施OKR时，首先要进行战略梳理，明确企业的总体目标。

2. 绘制战略地图

明确了企业的总体目标后，企业管理者需要将总体目标中所包含的一连串假设转化为一系列具体的因果关系链，并通过因果关系链绘制战略地图。

3. 识别与分解 OKR

接下来，企业管理者需要识别与分解OKR。OKR的识别与分解就是对总体目标进行分析，并将总体目标分解到各部门。

4. 明确个人 OKR

确定各部门的OKR之后，企业管理者还要确保部门OKR的分配能够落实到每个员工身上。在OKR完成过程中，企业管理者要同时重视过程和结果，做好年度指标与月度指标的合理分配，最后再细化到个人OKR。

5. OKR 审视和 OKR 评估

在实施管理OKR的过程中，OKR的设计和合理分配虽然是十分重要的，但企业管理者同样要重视在OKR实施过程中对其的审视和评估，这能够保证企业管理者能够及时发现OKR实施过程中各环节产生的问题并能够及时对其进行调整。

OKR能够将企业各部门、各层级之间的复杂协作和工作内容阐述得一清二楚，能够使每个员工、每个部门的工作目标聚焦于企业的总体目标，从而能够提高企业战略执行的聚焦度。

在实施OKR时，自主选择的意志作用表现得非常明显。如果企业的总体目标是全体员工经过商讨表决确定的，那么这个目标就是企业全体员工意志的表现，企业全体员工都会对 OKR 的实施更有责任心，这样在实际工作中自然会激发员工的积极性，有利于企业总体目标的完成。

如果企业管理者在制定企业各层级的 OKR 时没有体现出员工的意志，员工对 OKR 的目标和关键结果也难以重视。员工在接受上级命令时，首先表现出来的就是对自我意志进行否定，认为该目标与自己无关或对该目标毫无信心。这时员工的行动就是被动的，表现在语言上就是员工对上级的安排持无所谓的态度；表现在行动上就是员工除了自己的本职工作之外对其他工作缺乏积极性。

因此，企业管理者在制定 OKR 时要注意体现出员工的意志，这有利于培养员工的目标和结果意识。因此，企业管理者在制定 OKR 时，要多与员工沟通讨论，提高员工在制定 OKR 的过程中的参与度。同时，在实施 OKR 的过程中，企业管理者要对内部员工的 OKR 完成情况做一个全面的了解，收集员工的反馈意见并及时对不合理之处进行调整。这样才能在体现员工意志的作用下，有效地培养员工的目标和结果意识。

企业实行 OKR 可能会使原先上下级之间存在的权属关系发生变化，这时就需要企业管理者重新划分权利边界，明确组织中员工的个人目标、部门的目标以及企业的整体目标。

OKR 要求员工把个人目标与企业目标融合为一体，做到权责结合，这也是企业扁平化的核心内容。企业结构扁平是指企业的组织架构由原来纵向发展管理层级的形式转变为横向扩展。

OKR 能让企业组织以目标的核心流程为中心，这能使组织结构更加扁平，各职能部门的职责逐渐淡化，员工会更加清楚地了解企业的总目标是什么并且能够知道企业总目标的完成进度，目标的明确更能激发员工工作的积极性。

由此可见，OKR不仅可以减少上情下达或下情上传过程中的时间成本，而且也减少了企业内部不同职能部门之间的沟通和合作障碍。企业实施OKR管理体系更能适应瞬息万变的市场环境，释放出企业的灵活机动性。

8.3 关注绩效考评重点

绩效考评不单是为了评定员工的工作量，还是一种诊断和提升员工工作质量的手段。管理者要关注绩效考评的重点，及时与员工针对绩效问题沟通，绩效考评才会真正发挥积极作用。

8.3.1 绩效考评重点之一：诊断与辅导

绩效考评的第一个重点是绩效诊断与辅导。在这个过程中，管理者要针对员工的绩效考评成绩，先对员工工作中的突出表现表示肯定，再指出员工工作中的不足之处，并提出解决问题的方案。

以张经理和小陈的绩效辅导为例，根据公司的安排，张经理约小陈进行绩效辅导沟通，两个人提前都为绩效辅导沟通做了充分地准备。张经理起草了沟通方案，仔细审阅了小陈的工作日志、培训会议记录、上一期的绩效评估报告等材料，并提前通知小陈整理好当月的工作总结，约定了绩效辅导的时间和地点。到约定的时间，小陈准时来到张经理的办公室。

张经理："小陈，你这个月的工作总结和工作日志我都认真看过了，整体工作十分不错，你在制定培训方案、实施培训方案、培训总结这几方面都做得很好，这些都是值得肯定的。希望你在将来的工作中再接再厉，继续做好这些工作。"

“同时，我还有两个问题想和你沟通一下，一个是培训的组织安排，最近你安排的不是特别好，像研发部的李总就在主管会议上反映你这个月没及时把培训计划文件发给他，耽误了他们部门工作。此外，有些同事反映你在培训时只是照本宣科，念完培训材料，说几句套话就结束了。关于这两个问题，我想听听你怎么说。”

小陈：“张总，你刚才说的那两个问题确实有，但我也有自己的苦衷。比如培训的组织安排，最近公司临时交给我一些紧急任务，我分身乏术，就忘了发放培训计划文件，我也经常提醒别的部门主管来拿文件，但他们也记不住啊。”

张经理：“那你有没有什么解决思路？”

小陈：“我觉得可以再开一次主管会议，讲一下培训的重要性，让各主管明白培训是他们工作内容的重要部分，不能轻视培训工作。而且还要在私下时常和他们沟通这个问题，确保执行效果。”

张经理：“嗯，你说得对。你如果能和各主管多沟通培训的工作，让他们认识到培训的重要性，培训工作就更好开展了。今天沟通之后，我和各部门主管提前报备一下，以后你要尽可能和他们多沟通，好吗？”

小陈：“谢谢张总，另外，关于培训的问题，公司现在有些培训，内容是重复的，比如关于公司制度的解读、公司礼仪等，反复讲这些内容，老员工也不愿意听。是不是能够直接给新入职的员工单独培训这些内容？”

张经理：“你说得很有道理，减少一些不必要的培训，也能节省很多时间，这个问题我会尽快向公司提出来的。总的来说，你这个月的工作整体不错，但是也要重视出现的问题，以后你还要多和其他部门沟通，希望下个月能够看到你的进步。”

张经理和小陈经过良好沟通，明确了小陈工作中的问题，同时提出了解决方案，这能够指导小陈接下来更好地完成工作。绩效辅导沟通的目的是帮助员工提高绩效、帮助员工成长。管理者认识到这一点，沟通就会事半功倍。在上述案例中，张经理和小陈的沟通之所以能够取得良好的效果，是因为两人能够耐心分析问题，并找出解决问题的方法。那么，管理者进行绩效辅导沟通的技巧有哪些呢？

首先，管理者要与员工进行讨论，共同找出员工工作中的问题。另外，管理者在进行绩效辅导沟通前，要做好充足准备，了解员工近期的工作内容、状况、成绩等，这样才能与员工有“话”可谈。

其次，管理者要制订具体有效的行动计划。绩效辅导的目的在于帮助员工更好地开展工作，因此管理者在找到员工的问题后，需要有针对性地提出解决办法，制订合理有效的行动计划，否则绩效辅导就只是纸上谈兵。

最后，管理者要充分听取员工的意见。工作中出现的问题除了员工自身原因造成的外，还可能存在一些客观原因。这些客观原因员工一般很难改变，需要管理者为其提供一些资源或帮助，这时管理者就要酌情为员工提供必要的支持，以便让员工能安心工作。

8.3.2　绩效考评重点之二：计分与结果反馈

绩效考评的第二个重点是计分与结果反馈。有考评就要有反馈，管理者要根据员工的考核成绩为员工打分并给员工反馈，以帮助员工改进工作，完成绩效目标。绩效反馈可分为正面反馈与负面反馈。正面反馈是管理者对员工的称赞和认可，并同时提出的一些优化意见；负面反馈是管理者与员工沟通之后，指出员工的不足之处，并针对员工的不足之处给出具体的解决方案。

正面反馈的关键在于“具体”，管理者将正面反馈讲得具体，才能达到最好的反馈效果。以“小李做市场调研很辛苦”为例，说明正面反馈的效果。

泛泛的反馈：“小李工作很努力，非常敬业，这个月废寝忘食，工作特别投入。小李辛苦了，好好放松两天吧，休息一下。”

具体的反馈：“小李，你这个月工作特别投入，为了做市场调研报告，连续两天加班了。我看过你的报告了，完成得很快，而且很有质量。整个报告数据翔实、主次分明、分析细致入微。特别是市场前景分析那部分内容，紧扣公司的实际情况，分析方法和分析思路都很独到，解决方案也非常具有可行性。这对公司下一步打开市场具有指导意义。我想，这两天你再辛苦一下，做个总结，对你将来工作也有好处。”

在上述的案例中，第一种反馈固然有效，但小李仅会对管理者有一些感激之情。第二种反馈才是小李更喜欢的。员工更在意的是管理者对工作本身的反馈，这可以帮助他将工作做得更好。泛泛的称赞对员工有一定的激励效果，但非常有限，与此相比，员工更希望知道管理者对自己工作真正的评价，这可以让他们知道后续工作努力的方向，从而更好地投入工作。

负面反馈不等于给员工“差评”，其要点是“只描述，不评判”。具体来说，要遵循以下几条法则。

第一，对事不对人。管理者不能因为员工在某些工作上的不足，就做出员工“干什么都不行”之类的主观论断。

第二，只讲后果。在负面反馈过程中，管理者只要客观、准确地描述员工的错误行为给公司带来的不良后果就可以，然后让员工自己认识到问题，而不是一味批评员工甚至人身攻击。管理者不能掺杂太多个人主观情绪到反馈中，否则很容易导致管理者与员工的关系恶化。

第三，以正能量的方式结束。负面反馈的最后，管理者要告诉员工提高绩效之后的积极结果，即对员工个人和公司有什么好处。下面以“李某醉酒”为例，说明负面反馈的效果。

评判式反馈：“李某喝酒后还上班，在公司影响极坏。”

负面反馈：“李某喝了酒，一身酒气，还在走廊撞了别的同事，在办公室大声喧哗，大家都听说了。”

评判式反馈加入了个人主观情绪，仅说明了李某喝酒以后来上班，在公司影响极坏，并没有讲出影响坏的表现。第二种负面反馈是在客观描述，不带有任何主观色彩，将李某喝酒上班的具体表现指了出来，有理有据，更容易服众。

管理者要在考核过后及时给予员工反馈，让员工认识到自己工作中的优势及不足，从而坚持自己的优势，改进自己的缺点，更好地完成绩效目标。在给予员工反馈时，无论是正面的反馈 还是负面的反馈，管理者都要讲方法、讲技巧，以便使反馈达到更好的效果。

8.3.3 制定红黑计分榜：给员工提醒

计分管理制度是用分数量化员工的综合业绩，是评定员工薪资、奖金、晋职晋级的重要依据。红黑计分榜是指将能够衡量员工业绩的指标，如员工积分、绩效考评结果、员工销售金额等以排名的形式公开，前几名员工排出红榜，倒数的员工排出黑榜，并根据排名实行奖惩的员工绩效榜单。

管理者在设立红黑计分榜时需要遵循以下几点原则：

（1）榜单应只记录员工的工作业绩数据，不应出现个人隐私；

（2）应确保计分制度“公平、公正、公开”，应公示分数的评价标准，打分过程等细节；

（3）给予红榜员工奖励，如积分兑换的礼物，奖金等；对于黑榜员工，管理者应积极沟通，分析其落后的原因；

（4）定时更新榜单，为大幅度进步的员工设立“进步榜”，激发落后员工工作的积极性。

红榜发挥激励作用，促使员工向业绩优秀者学习；黑榜发挥警示作用，提醒员工提升能力，争取在下次的评定中取得好成绩。红黑榜单能够充分提升员工的自觉竞争意识，有利于开展良性竞争，形成“你追我赶”的工作环境，进而增强团队整体的战斗力。

8.4　严格做好绩效改进

员工和管理者对绩效考评的结果达成共识后，接下来的工作就是分析问题，并采取有效解决方法。要想达到解决问题的目的，绩效改进工作必不可少。绩效改进是改进员工绩效的行动指南，是合理制订绩效改进计划、实施绩效管理的关键环节。

8.4.1　与员工进行绩效面谈

绩效面谈是根据绩效有效分析员工的工作情况的面对面谈话。绩效面谈有广义和狭义之分，狭义的绩效面谈是指绩效考评结束以后的面谈，广义的面谈是指绩效管理过程中，管理者对员工进行的所有面谈。

第一，绩效面谈的主要内容。

绩效面谈的具体内容随工作性质和岗位不同而变化，但是框架大致相同，包括以下几个方面：

（1）上期绩效的改善情况；

（2）周期内绩效考核的完成情况；

（3）员工取得的进步；

（4）员工遇到的问题和存在的不足；

（5）具体方面需要改进、如何改进；

（6）下一周期的绩效考核主要内容；

（7）管理者对员工下一周期绩效的期望。

第二，绩效面谈的步骤。

1. 面谈准备

在和员工面谈之前，管理者要做好面谈准备，做到有目的地和员工面谈。首先，管理者需要准备面谈的材料，如员工的绩效考评结果表单等。其次，管理者要和员工提前约好面谈的时间和地点。最后，管理者应提前准备面谈大纲，将需要交流的问题、想法等一一列下来。

2. 做好开场

面谈的开场白十分重要，这将决定管理者和员工面谈的整体气氛。开场白的作用主要是建立双方相互信任，愿意坦诚交流的氛围，如果开场白说得不好，员工可能会产生抵触心理，面谈的效果会随之受到影响。

要想让员工一开始就处于一个放松的状态，管理者可以这样说："这次面谈，主要是分析你的绩效考评问题的原因，并没有什么别的目的。希望我们能一起找到解决方法，共同进步！"这样员工会觉得管理者能够站在员工的角度考虑，进而放下戒备心，和管理者坦诚交流。

3. 分析现状

分析现状主要包括两方面：工作现状和员工本身的现状。工作现状主要是和员工沟通工作的进展程度，取得了什么样的结果。员工现状包括员工的工作状态，对进展的满意程度，做得好的地方，以及需要改进之处等。

4. 和员工充分交流想法

管理者在这一步要倾听员工的想法，鼓励员工提出自己的看法和建议，例如，员工对自己工作状况的评价，对团队的看法等。

5. 探讨解决方案

这一步骤的关键在于对之前讨论的问题制定详细的改进方案，改进方案须具备可行性，以便后续工作的充分落实。

6. 提出工作重点

提出解决方案后，管理者须强调工作重点，提出对员工接下来的期待，鼓励员工实现下一次绩效考评的突破。

7. 结束面谈

结束面谈时，管理者应发挥鼓励的作用，充分调动员工实施解决方案的积极性。

第三，绩效面谈的注意事项。

首先，管理者要对员工绩效进行客观真实的描述，而不是主观臆断员工的工作结果。例如，管理者在沟通时最好说员工的工作有多少没有完成，犯了几次错误，距离公司要求有多大距离。而不是说员工做得很差，能力不过关这样的判断。其次，管理者须聆听员工的声音，因为只有管理者了解员工遇到的困难，才能制定解决问题的方案。最后，即使员工的绩效存在较多问题，管理者也应注意避免使用极端化字眼，理性沟通，做到“对事不对人”。

8.4.2　根据员工成绩制定改进方案

绩效改进是整个绩效管理工作的升华，它可以帮助员工理清现在的工作状况，规避现有问题，在未来获得更好的工作效果。绩效改进的步骤可以分为以下五步。

1. 情况分析

管理者和员工在制订绩效计划之前需要对现有的工作情况进行分析，而不是直接进入改进环节。这一步可以让员工对当下的工作情况进行梳理，有逻辑地去改进绩效。

2. 寻找最佳标准

管理者和员工要找出当前工作的最佳绩效标准，可以同事或其他公司员工的绩效考核成绩为参照，为员工设置新的绩效目标。

3. 研究最佳标准

管理者和员工要对最佳的绩效考核成绩进行分析，找出该员工做得好的原因、方法和秘诀。

4. 提炼最佳方法

管理者和员工要对最佳的工作方法进行提炼，将其变成可执行、可推广的通用方法，以此为模板，确定改进员工绩效的方法。

5. 制订书面绩效改进计划

管理者和员工确定的绩效改进计划最终应落实成书面的形式，见表 8–1，然后汇总到 HR 处归档保存，作为日后工作的依据。

表8–1　绩效改进计划

被考核人姓名	部门	职位	考核人姓名	考核周期
绩效中存在的不足				
原因分析与改进措施				
绩效改进计划				
绩效改进具体目标				
目标类	具体目标	目标结果	衡量标准	考核权重
业绩目标				
能力目标				
行为目标				
绩效改进完成时间				
被考核人签字：		日期：		
考核人签字：		日期：		
人力资源签字：		日期：		

第 9 章 薪酬与福利设计：营造公平的工作氛围

薪酬与福利是管理者留住员工的“金手铐”，管理者唯有让员工觉得薪酬福利合理了，员工才会为公司长远的目标而努力。那么，管理者如何做到既让员工的薪酬符合预期，又保持团队的良好运作呢？关键在于薪酬与福利的设计。

9.1 薪酬设计：不要让薪酬变成“心愁”

合理的薪酬是留住员工的一种方式，如果付出与回报不成正比，那么员工很容易离职。管理者要做到科学设计薪酬，满足员工对薪酬的预期，进而为公司创造价值。

9.1.1 讨论：为什么你留不住好的员工

很多管理者都有这样的困惑：“我们公司给员工的薪资待遇都很合理，为什么还留不住好员工呢？”

以公司领导老张为例，他的公司正处于稳步发展阶段，给员工各方面的待遇都处于同行平均水平。公司的员工小陈是多年来的销售冠军，老张非常器重他，决定把整个公司的销售任务交由他负责。然而到了销售旺季，小陈居然跳槽到了另外一家公司，还带走了一大批客户资源，使老张公司的利润骤然下跌。老张多次联系到小陈，答应给他涨薪，请他回来，可是都被拒绝了。

老张经过一番打听，才知道上个月因为产品原料的物价上涨，成本增加，老张没有提高产品价格，而是降低了员工的提成点数。小陈在业绩点数下调之后多次抗议，可是没有得到回应。于是，小陈跳槽到老张的竞争对手公司，因为竞争公司给了小陈更合理可观的薪酬标准和提成模式。在小陈离职后，公司的其他员工也相继提交了辞职申请，让老张的公司遭受严重打击。

这样的案例还有很多，可以看出，小陈的离职原因主要是对老张安排的薪酬不满。问题的根本原因在于公司的薪酬制度不合理，导致员工对公司的待遇逐渐失望。

另一种情况则截然相反。某公司年销售额增长 25%，可利润下降了 20%。该公司的老板给员工的福利待遇很不错，可是员工跳槽的现象时有发生，尤其是优秀人才的流失现象十分严重。因为高层员工发现公司利润在年复一年地下降，觉得公司没前途，发展空间太小，于是跳槽到潜力较大的公司去了。

这个案例表明，过高的薪酬设计会导致公司的开支增多，成本增加，进而导致公司的利益严重失衡，公司不断走下坡路，导致员工看不到发展前景而辞职。所以，不是薪酬设计得越高，员工留在公司的意愿就越强。

上述两个案例充分证实了薪酬设计的重要性，太低或太高的薪酬都留不住公司的优秀人才。作为管理者，须对薪酬结构进行合理设计，以支撑公司的人才规划战略，不要让薪酬变成“心愁”。

9.1.2　薪酬设计的五大误区

公司薪酬设计出现问题会造成出现员工的工作成果与薪资回报不匹配，或是公司的薪资支出与利润不匹配等现象，这些现象对公司的损害很大，容易造成人才流失和利润亏损。在设计薪酬的过程中，管理者首先要注意避开几大误区，才能设计出合理的薪酬方案。

误区一：薪酬设计不考虑企业发展战略

很多公司在设计薪酬时，没有系统思维，而是直接从具体的细节开始设计，或直接照搬国外的薪酬设计模式，采用这种设计方式的管理者，看不到员工薪资与本公司战略方向的联系，没有站在自己团队的角度处理薪酬设计问题。

公司在设计薪酬时，首先要考虑的是整个团队的发展战略。这样做是为了分析公司需要什么样的人才，由此来决定合理的薪酬水平。薪酬设计与公司的战略目标一一对应，可分为三种类型：薪酬水平领先型、薪酬水平跟随型和人工成本优先型。

1. 薪酬水平领先型

采取此策略的公司往往是同行业市场中的领军公司，并且有很多成长空间，企业迫切需求高素质人才。这样的企业薪酬的支付能力相对较强。

2. 薪酬水平跟随型

这种公司处于稳健发展的阶段，通常会找到一个引领团队的标杆公司，其经营管理模式等方面都向标杆看齐。因此，该种公司的薪酬设计基本和标杆公司相同。

3. 人工成本优先型

采取该策略的公司，在薪酬设计方面往往要节约成本，薪酬水平与同行业相比较低。

公司要根据自身的情况确定薪酬类型、设计薪酬。如果薪酬的设计与公司的实际情况和发展战略不匹配，公司整体发展就可能与个人利益相冲突，公司就很难实现长远发展。

误区二：薪酬水平按照职位级别判断

大部分公司都存在这样的误解：认为员工级别越高，工资也就越高。实际上这种观点过于片面了。在岗位的价值评估方面，公司真正要做的是建立规范的职级架构，而不是以薪酬论岗位。员工薪酬的高低应与员工的能力挂钩。例如，拥有某方面专业技能的员工的薪酬可能比部门经理的薪酬高。如果公司不能做到灵活定薪，那么许多优秀人才将逐渐流失，影响公司战略目标的实现。

误区三：薪酬设计只是简单地参考外部数据

外部薪酬数据是企业通过外部市场调查，如本行业竞争对手薪酬调查，获得的数据。许多公司会直接将此数据作为薪酬设计的依据。事实上薪酬的制定不是照搬外部数据调查报告那么简单，还需要根据公司内部做出调整。

首先，管理者应结合本公司实际定位设计薪酬，不能直接使用外部数据。其次，管理者须研究外部岗位与本岗位之间存在的差异，对双方的岗位内容进行透彻分析，总结出双方岗位的匹配度，再根据匹配度设计薪酬。比较岗位是否匹配，一般要进行三个步骤。第一步：检查外部岗位与内部岗位的权限是否相同；第二步：对比工作内容是否一致；第三步：根据岗位匹配的程度对外部数据进行修改，达到适合本公司的薪酬水平。

误区四：薪酬设计过于复杂

有些公司的薪酬设计不合理是因为其与岗位价值的关系过于混乱，干扰太多。他们往往为不同条件的员工提供不同的薪酬提成，比如专业提成、学历提成等，相同岗位的员工薪资各不相同，不同岗位又对应不同的薪酬，计算薪酬的方式太过复杂，导致公司薪酬分布高度分散。这样势必会造成员工之间相互比较，形成不满情绪。

误区五：薪酬设计太平均

在优秀公司的薪酬设计中不难发现，管理者会对公司的关键岗位坚持重点激励的原则，该岗位的薪资水平往往比其他岗位高出许多。可是很多公司没有做到这一点，其薪酬的设计太过平均，不同职级的薪酬差异并不大，这样会导致员工的晋升欲望不够强烈，工作热情低。因此，不同岗位的薪酬不能太过平均，应该有重点、有倾斜地设计薪酬，以起到激励优秀人才的作用。

管理者须重视以上五大薪酬设计的误区，避免上述问题的出现，审时度势，保证薪酬设计的科学性。

9.1.3　常见的两种薪酬模式

薪酬模式是指薪酬的构成及组合方式，薪酬模式有很多种，本书着重介绍适用当下市场环境的两种薪酬模式：KSF 增值加薪法和 PPV 产值量化薪酬模式。

1.KSF 增值加薪法

KSF（Key Successful Factors）称为“关键成功因子”，是决定岗位价值的关键性指标。KSF 将决定岗位成就的若干相关因素规定出一个特定值，这些特定值与员工的薪酬福利、晋升晋职相关联，员工将通过实现关键因素的方式获得薪酬。

以餐厅的厨师为例，通常情况下，厨师岗位属于固定薪资模式，所以有些厨师希望餐厅的客人越少越好，这样既不影响工资，又轻松不累。那么如何改善这种现象呢？餐厅老板可以通过改变薪酬结构的方式，运用 KSF 增值加薪法，提高厨师工作的积极性。

第一步，确定厨师的岗位价值。选出与餐厅的利益相关的 5～8 个指标，例如菜品的毛利率，菜品目标达成率等。

第二步，找出以上指标的平衡点。员工达到平衡点之后，能得到基本薪酬，如果员工工作量超出平衡点，即可加薪。平衡点的选取十分关键，既要让员工觉得不难达成，又不能使团队成本过高。一般平衡点可以根据往年的平均值确定。

第三步，根据餐厅的规模、历史数据等信息测算出加薪权重。

例如，与平衡点相比：

（1）毛利率每超过 0.2%，奖励 8 元，每低于 0.2%，少发 8 元；

（2）菜品销售额每超过 300 元，奖励 20 元，每低 300 元，少发 20 元；

（3）水电费每少用 0.01%，奖励 25 元，每多用 0.01%，少发 25 元。

实行 KSF 薪酬标准后，厨师的个人薪酬与餐厅挂钩，客人越多，厨师挣得越多，水电花销少，厨师还能拿奖金，餐厅的成本降低的同时，厨师的工作积极性提高了，餐厅的氛围越来越融洽。

管理者须根据上述案例的步骤，为不同岗位制定不同的指标，计算出平衡点，测算加薪权重，制作完整的薪酬方案，见表 9–1。

表9–1　某公司产品经理薪酬结构

	指标 / 平衡点 / 激励	K1	K2	K3	K4	K5
生产经理		生产产值	成本率	工资费用率	报废率	交期达成率
	单位	元	%	%	%	%
	月薪权重（100%）	25%	15%	15%	5%	10%
薪酬结构	占比金额	1 500	900	900	300	600
	平衡点	*	*	*	*	*
	奖励制度	每多 1 000	每下降 0.1%	每下降 0.1%	每下降 0.1%	每上升 0.5%
	奖励尺度	奖励 5	奖励 10	奖励 8	奖励 8	奖励 7
	少发制度	每少 1 000	每上升 0.1%	每上升 0.1%	每上升 0.1%	每下降 0.5%
	少发尺度	少发 5	少发 10	少发 8	少发 8	少发 7

另外，在薪酬设计时，管理者应根据自身团队情况进行薪酬的合理变动，例如，根据入职的时间，对平衡点进行变更。

（1）入职 1 个月以上：业绩平衡点为低值，主要关注过程性指标（如培训考核分值等），奖励力度略小；

（2）入职 3 个月以上：业绩平衡点为中值，主要关注效果性指标（如生产产值等），奖励力度为中值。

KSF 增值加薪法没有给员工规定工资的上限，员工可以通过自己的努力去创造更多的收入，而员工的收入和公司的指标息息相关，因此员工收入越高，公司的效益会越来越好。

2.PPV 产值量化薪酬模式

PPV 产值量化薪酬模式是指将员工的工作项目、工作内容等进行量化、价值化，并将其与员工的收入挂钩，形成多劳多得的薪酬分配机制。PPV

让员工的每一项工作都有相应的价值，员工还可兼职做其他岗位上的工作项目以获得加薪。以财务岗为例，PPV 模式下薪资可以由以下几部分构成：

P1：按时、无差错地完成公司经营报表，500 元；

P2：按时、无差错地完成员工工资表，300 元；

P3：每开具一张发票，5 元；

P4：……

员工在自己本职工作保质保量完成的前提下，还可以通过完成其他岗位的工作为自己加薪，例如，财务人员为公司推荐人才，每入职一人奖励 200 元；记录一次公司考勤奖励 100 元……员工接受的每一项工作必须有结果，才能有产值，所以员工必须对工作结果负责。

实行 PPV 薪酬方案的公司，可以按实际的工作量分配岗位，减少人效浪费。员工不仅会积极完成本职工作，而且有了学习其他业务的动力，发挥各项才能，达到公司需要的复合型人才标准。

9.1.4 积极创新：引入宽带薪酬

团队管理者可能会出现这样的疑惑：一名员工在岗位上干得很好，并且他的薪酬已经达到了该层级薪酬的上限了。公司为嘉奖该员工，将他晋升到了更高级别的职位上。可是员工并不适合新工作，或者说他的能力不足以胜任新工作，所以，他在这个职位上一直耗到了退休。这种不恰当的晋升让员工无法实现自身价值，也难以对工作产生热情。对公司来说，这样的晋升不仅多了一个不合格的员工，还损失了一位优秀员工。为什么会出现这样的问题呢？

管理者先要从公司的薪酬制度来分析。传统的薪酬制度下，公司的薪酬结构中相邻级别的工资并不重叠，这意味着无论员工表现多优秀，只要级别不变，工资就不变。某级别的优秀员工如果想进一步提高薪资，晋升职位是唯一的途径。可是这些员工在低一层级表现优秀，并不意味着他们能胜任更高层级的职位。

为了避免上述问题，管理者须采取一种新的薪酬模式——宽带薪酬。

宽带薪酬是通过对传统薪酬模式的浮动范围进行整合，得出的浮动范围更大，薪酬等级划分更少的薪酬模式。宽带薪酬模式可以解决优秀员工的工资上限问题，有利于员工职业生涯的发展，适应公司的战略发展需要。

在某类岗位上，传统薪酬会划分多个层级，见图 9–1。灰色矩形是员工岗位在传统薪酬模式下，岗位级别和薪资的参数范围。例如，员工岗位最底端的灰色矩形代表一级员工的薪资范围为 80 000~100 000 元 / 年。而图 9–1 中白色的大矩形表示宽带薪酬，包括某岗位所有层级的员工的薪酬，薪酬范围显得更“宽”。

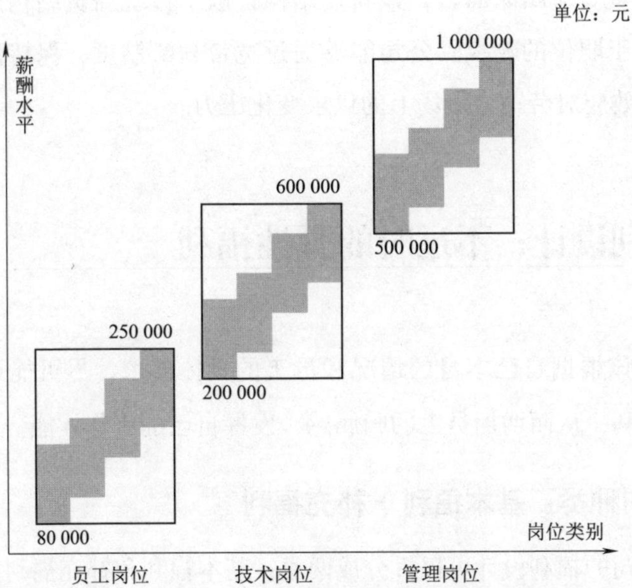

图9–1　宽带薪酬和传统薪酬关系

例如，员工岗位的白色矩形代表从一级员工到四级员工的工资在 8 000 ~ 250 000 元 / 年，只要一级员工足够优秀，可以得到比其他层级的员工更高的薪酬，同时，如果高级员工绩效不佳，薪酬会比低级员工要低。如此一来，便弱化了薪酬与员工层级之间的关系。

宽带薪酬的设计流程分以下几个步骤：

（1）确定宽带的数量；

（2）根据不同工作的性质、难易程度等因素确定宽带薪酬的浮动范围。例如，对于某技术岗位，根据员工水平的高低，薪酬可以在 1 500~6 000 元 / 月浮动；

（3）宽带内横向职位可轮换；

（4）做好任职资格的评定工作。

宽带薪酬有利于推动员工取得良好的工作绩效，员工可以通过努力获取更高的工资。对团队而言，该薪资结构打破了传统薪资结构严格的层级制度，有利于职位的轮换。公司能够通过宽带薪酬制度，保持岗位结构的灵活性，有效应对劳动力市场上的供求变化压力。

9.2 福利设计：不过时的弹性福利

团队应该根据自己本身的情况和员工的具体需求，尽可能地为员工提供更多的福利，从而增加员工的归属感，发挥自己的工作才能。

9.2.1 福利种类：基本福利 + 补充福利

一家公司的福利设计可以拆分成两类：基本福利和补充福利。基本福利是在相关的法律法规规定下，公司依法为员工提供的一些福利项目，如法定假期、社会保险、住房公积金等。补充福利则是根据各公司的实际情况，自行设计的相关福利项目。一些公司中常见的补充福利项目，见表 9–2。

表9–2　常见的公司补充福利一览

序号	类别	公司补充福利	备注
1	补充保险	补充医疗保险	
2		综合意外伤害保险	
3		年金计划	
4		家庭保险	
5	住房计划	补充住房公积金	
6		购房无息贷款或贷款贴息	包括购房借款
7		住房补贴	
8		宿舍	
9	交通计划	交通补贴	
10		私车公用补贴	
11		购车补贴	
12		公车	
13		班车	
14	餐饮计划	餐费补贴	
15		免费食品	
16		内部食堂	
17		协议餐厅	
18	员工休息休假	带薪休假	
19		节日慰问金或礼品	
20		疗养	
21		弹性工作时间	
22		在家办公	
23	员工个人成长	员工内部培训	包括企业内部大学
24		员工送外培训	
25		学费资助	
26		定期轮岗	

续表

序号	类别	公司补充福利	备注
27	员工身心关怀	员工体检	
28		员工活动	
29		带薪旅游	
30		员工心理辅导	
31	其他	手机通信费补贴	
32		年资补贴	
33		生日慰问	
34		儿童托管中心	

公司补充福利是实现公司福利项目多样化的关键所在。恰当的福利设计，可以有效提高员工的幸福感，促进公司文化价值观的形成，加强公司的人才竞争力。

9.2.2 弹性福利趋势：员工体验与场景优化

与传统的福利制度不同，弹性福利制度是通过固定的设计体系，如积分制度等，使员工可以根据自身需求，选取公司提供的不同福利项目。例如，全球领先的医疗公司美敦力，实行的就是弹性福利方案。其福利包括两个部分：核心福利、自选福利。核心福利是员工的必选福利项目，包括住房补贴和年度体检。自选福利内含多种形式，如不同等级的医疗险、体检菜单等，员工可根据自身情况自由选择。

公司通过设计弹性福利制度，能够有效地提高员工工作积极性。通常，一套科学的弹性福利设计分为以下四个步骤。

1. 准备工作

科学的福利设计，离不开充分的准备工作。包括了解相关的法律法规、调查员工需求、了解公司经营现状做出相关财务计划等内容。

2. 结合公司现状，收集员工需求

在福利设计过程中，要始终紧扣员工需求进行项目设计，如针对离家较远的员工，设计住房补贴、交通补贴，针对需长期对外交流的员工设计通信补贴等。

3. 确定具体福利项目

公司资源是有限的，为了实现资源利益最大化，需要将公司资源进行最合理地分配。在实际操作中，需由公司设计好所有的福利项目清单，并计算出其所对应的价值，再建立相应的员工选择制度，根据员工的个人情况进行确定及执行。

4. 进行沟通与调整

员工福利设计与员工个人情况紧密关联，需要管理者及时与员工进行沟通，针对员工差异性问题进行恰当地调整，以此达到公司与员工双方都满意的结果。例如，玛氏中国某位员工的子女经常生病，向公司提出了儿童保险的福利要求，玛氏中国的相关负责人就推荐了适合该员工子女的医疗保险，并提升其保险额度。

另外，每家公司的情况各不相同，因此在进行弹性福利设计时，需要紧密结合自身情况进行设计。

首先，公司应根据自身战略定位的不同，控制弹性福利的总成本，避免出现因福利支出过高使公司负担过重的情况。

其次，应提高员工行为的可控性。因为员工通常会选择与自己容易出现的问题相对应的福利项目，以此来保障个人利益（例如，有离职意图的员工会更多地选择与员工离职相关的福利项目），因此，在进行弹性福利设计时，应注意提高员工的可控性，如设计一些固定的福利项目供员工选择。

最后，注意制度的动态调整。管理者须及时调整福利方案，或者设定弹性福利的选择周期。在每一周期，员工可以修改自己的福利方案，以适应工作和生活的需要。

第 10 章
内部竞争机制：打造团队士气和凝聚力

良性的内部竞争是增强团队士气和凝聚力的一大法宝。管理者可以选择多种内部竞争机制，根据团队发展状况和战略目标合理运用。

10.1　PK 机制：不服输的力量

PK 机制是一项重要的团队内部竞争机制，旨在通过不同对象之间相互 PK 的方式，激起员工的好胜心和集体荣誉感，进而高效地达成工作目标，实现工作突破。合理的 PK 机制能够帮助管理者培养好胜心强的员工，打造斗志昂扬的团队。

10.1.1　找到 PK 对象：员工间或小组间

韩都衣舍是国内知名的服装品牌，每年推出的新品数量多达 3 万款，相当于韩都衣舍每天都可以推出上百种新品，并且质量过关。韩都衣舍是怎么保持如此高效的运作机制的呢？因为它们建立了 PK 机制，利用员工的争强好胜的心态，激发小组设计出越来越多的新品。

首先，韩都衣舍创立了多个设计小组，每个小组成员的职责不同。例如，一个小组包括三个成员，分别负责产品设计、页面制作和产品销售。若干个这样的小组都有自己的工作目标，如上新数量，销售额等。其次，韩都衣舍每天都会公布小组销售金额排行榜，业绩好的小组会得到丰厚的奖励，甚至可以创立自己的品牌；业绩差的小组则将面临淘汰的危险。

韩都衣舍的动态 PK 机制能够极大激发团队的工作热情，促进员工在组内合作、组外竞争，这样既培养了员工协作能力，又通过竞争提升了员工工作效率，所以公司的上新数量持续增高。总而言之，PK 机制是提升员工积极性的有效手段。

那么，如何才能建立一套完整的 PK 方案呢？管理者的首要任务是确立 PK 的对象。一般来说，团队内的 PK 形式可以划分为两种：员工间 PK 和小组间 PK。

不同的 PK 方式适合不同的工作类别。例如，员工间 PK 适合和个人业绩有关的工作，如销售工作。小组间 PK 适合一个团队共同完成的工作，如产品开发、设计等。员工间 PK 和小组间 PK 没有优劣之分，管理者须在明确 PK 目标后选择最恰当的方式，以达到预期效果。另外，管理者须选择实力相当的员工 PK，保持 PK 结果的不确定性。如果两方人员能力相差悬殊，能力差的一方会觉得希望渺茫，比赛的积极性随之下降。

10.1.2　明确 PK 内容：标准、时间、奖罚

管理者确定 PK 对象之后，下一步就要明确 PK 的内容，制定具体规则。PK 规则主要包括三点：PK 标准、PK 时间、PK 金额。

1.PK 标准

PK 标准有两层含义，既可以指 PK 双方必须达到的指标，如销售额、生产量、满勤率等，也可以指双方谁输谁赢的标准，如两位员工的业绩比较等。管理者须根据不同岗位制定专门的标准，并向员工明确规则，以免出现因标准制定不清导致的胜负无法判定的情况。另外，PK 的标准要适当有度，不能过于简单，这样 PK 就失去了意义；也不能太困难，徒增员工的心理压力。

2.PK 时间

无论是员工 PK 还是小组 PK，管理者都要规定明确的时间。PK 时间不宜过长，在长时间的比拼下，参赛员工容易出现疲惫感，未参赛员工对 PK 的关注度会逐渐减少；但 PK 时间也不能太短，因为大部分工作都需要一定的时间来完成。所以，管理者应控制好竞赛时长，一般在一周到一个月之间即可。

3.PK 奖罚

管理者规定奖罚制度时，必须事先说明，并且在 PK 双方都同意的情况下执行。奖罚的内容应适当，例如，赢的一方可以获得现金、假期、旅游

等奖励；输的一方接受惩罚，如罚款、打扫卫生、加班等。

对于 PK 的内容，管理者须大力宣传，使全体员工对结果产生期待感。如果 PK 宣传不到位，员工在一段时间过后对 PK 的结果都不在意了，会导致 PK 虎头蛇尾，没有起到激励的作用。另外，PK 的氛围非常重要，管理者要全程控势，保持良性的竞争环境，避免双方因竞争产生不必要的矛盾。

10.1.3　签订承诺书，将奖惩落到纸面上

在 PK 的人员、规则确定后，管理者开始组织员工填写承诺书和 PK 书，见表 10–1、表 10–2。承诺书可以当即签订，也可以到 PK 动员大会的时候再一同当场签订。

表10–1　承诺书

承诺书
本人 / 我组________在此承诺，在__年__月__日到__年__月__日期间，完成目标______
目标金额______元。
若未达成目标则：
承诺人：
公证人：

表10–2　PK书

PK 书
本人 / 我组_________为达成________目标，特与___________制定 PK 机制。机制如下：
若我 / 我组的业绩超过对方：______________________________
若我 / 我组的业绩未超过对方：______________________________
我们的 PK 宣言：
承诺人：
PK 对象：
公证人：

10.1.4 举行 PK 仪式，召开动员大会

PK 动员大会是在正式开始 PK 之前的一次员工集体会议，目的在于推广 PK 活动的同时，鼓舞员工士气，为接下来 PK 做好准备。

动员大会的流程应至少包括以下几点：

（1）核对上次 PK 的数据，公布输赢结果，并当场兑现奖励，实行惩罚，以活跃气氛；

（2）宣布本次 PK 的成员、内容等，安排领导和参赛成员发言；

（3）PK 双方在承诺书上签字，表示胜利的决心，并动员所有员工一起努力。

以上是 PK 动员大会最基本的流程。除了常规的发言环节，管理者还可以组织公司的高层管理人员、员工代表、岗位代表等积极发言，形成 PK 活动人人参与、PK 结果人人关注的竞争局面，帮助 PK 活动取得开门红。

PK 动员大会结束后，管理者要发挥宣传作用，通过公司网页、宣传栏、社群等多种渠道展示 PK 过程。多渠道宣传不仅可以吸引员工对 PK 活动的关注，鼓励参赛者积极迎战，还能营造良好的竞争氛围，树立公司正面形象。

10.2 积分机制：以积分论英雄

积分制度作为员工日常工作的考核记录，是较为公平公正的方式之一。它能够促进员工之间的公平竞争，同时也能够增强员工的自主能动性，进而营造团队健康向上的工作环境。

10.2.1　如何制定积分的类目

积分的类目是整个积分管理制度的框架，包括能够衡量员工工作态度、工作能力与成绩的项目。首先，管理者要规定员工的基本分值，如每位员工的初始分值为 100 分或根据员工条件不同确立初始分值，如一名员工的初始分值包含学历积分、工龄积分、岗位积分三个部分。其次，制定积分类目，根据分类的规定对初始分值进行加、减分。

总体来说，员工的积分类目可以遵循一种思路：从德行、态度、能力、业绩四个方面综合评分。

1. 德行

德行主要包括员工的敬业精神、责任感以及道德行业规范等方面，约占所有类目分值的 15%。管理者应根据每项标准在工作方面的权重，综合考量，给出评分标准，例如：

（1）员工能够诚实守信，业绩上不欺骗同事和上司，加 2 分；

（2）员工具有团队精神，能够积极配合部门的其他成员完成工作，加 2 分；

（3）员工能真诚对待客户，诚实守信，加 2 分。

2. 态度

态度是指员工工作的积极程度以及考勤状况等，约占总体的 15%。例如：

（1）员工能够主动、按时完成分内工作，不消极怠工，加 5 分；

（2）员工按当月出勤天数工作，不迟到、早退，加 5 分；

（3）员工迟到早退一次，扣 0.5 分，旷工一次，扣 2 分。

3. 能力

能力是指员工的专业能力，通常衡量专业能力的标准有产品质量、工作效率、差错率等。能力占总积分值比较大，约 30%。对于不同的岗位，衡量能力的标准不同，加、减分数也不同，管理者先要全面了解每一个岗位职责，再客观地制定标准。例如：

（1）员工能够通过岗前培训，熟练掌握本岗位要求的专业知识，加6分；

（2）员工能够不断寻求突破，在工作方法等方面有新思路，具备创新能力，加8分。

4. 业绩

业绩是指员工工作成果。其在总体分值的占比最高，约40%。管理者在制定业绩类目时，也要视岗位情况而定。例如：

（1）员工能完成本月基本任务量，加10分；

（2）因员工业务能力不足而导致工作出现问题或导致工作完成时间推迟，扣6分。

另外，除了以上四类基本加、减分类别外，管理者还应设置特殊加、减分项，对向公司做出重大贡献、为公司出谋划策的员工加分，对严重违纪的员工予以减分。例如：向公司提出合理的建议，并被采纳的，加20分；改进公司销售方案，并产生良好效果的，加40分；设计重要技术项目，为公司减少了成本的，加80分。

积分类目的制定是积分制度建立最关键的一步，唯有积分类目编排合理，管理者才能以此来衡量员工的工作成果，并实行奖励和惩罚。如果类目分得太细，条款太多，会导致管理者在计分时操作增加成本，甚至会出现计算错误的情况。所以管理者要考虑方案的可操作性，根据公司情况调整方案，控制操作成本。

10.2.2 将待遇与积分挂钩

积分制度的根本目的在于衡量员工价值，以此来决定员工待遇。管理者在确定积分的类目之后，就应该设计积分与待遇之间的关系了。一般来说，员工待遇分为四种形式：薪酬、福利、评优和晋升。管理者可以根据积分的高低给予员工不同的待遇分配。

1. 薪酬和积分挂钩

薪酬是员工待遇最直接的体现。薪酬与积分挂钩的方式能极大地促进员工积极性，督促员工少犯错误。管理者可以通过两种积分方式设计薪酬。首先，设立积分奖金制，员工在某一段时间内得到一定数量的积分，即可获得一定积分倍数的奖金。例如，若员工当月获得的积分超过 200 分，员工将得到与之对应的奖金，1 分 =2 元；若获得当月增加的积分低于 100 分，员工需要缴纳一定数额的罚金。其次，设立积分加薪制，员工累积到达一定数量的积分即可获得一次加薪，例如，员工累计积分达到 1 000 分，加薪 300 元。

2. 福利和积分挂钩

福利一般分为两种形式：基本福利和补充福利。其中基本福利是公司遵循相关法律为员工提供的福利，每一位员工都应享受，所以和积分挂钩的福利都是补充福利的形式，如发放礼品、出国旅游、买房补贴等。福利通过积分的方式分发时，有两种形式：一是累积，二是获得。累积指员工累积到一定分值获得福利，如公司组织累计 1 500 分的员工出国旅游，给累计 2 000 分的员工发放买房补贴、免息贷款等。

第二种形式是统计固定时间内积分的增加值，一般每月统计一次，然后根据分值发放福利。例如某员工该月获得超过 100 积分，公司给予小礼品形式的实物奖励或奖励半天假期等。加薪和福利两种积分奖励互不冲突，管理者可以二者兼备、依规发放或让员工自行选择其中一种。

3. 评优和积分挂钩

通常公司的评优是有时效性的，每月、每季度甚至每年都会评选优秀员工。所以积分作为评优的依据，也应当有时效性，管理者须将员工积分在固定时段内的涨幅进行统计，并公示排行榜，排名靠前的员工获得优秀员工称号。另外，管理者可以对比员工每月的积分数据，专门给予积分涨幅较大的员工突出进步奖，达到激励员工的目的。

4. 晋升和积分挂钩

积分虽然能体现员工在某一时间段内的工作表现，但是并不能说明该员工有资格担任更高级别的职位。所以积分不是决定员工晋升的必要因素。但是，管理者可以设置和积分相关的晋升条件，例如，给到达一定积分的员工优先晋升权或取消当月积分过低的员工的晋升机会。

10.2.3 积分制度的全面完善

设立积分和待遇挂钩的制度之后，管理者要做的是推行积分制度，严格执行奖惩，将积分制的框架进一步填满，确保积分制度的有效实施。

1. 计分过程须严格

积分制度执行时，员工不能自行加、减分数，须依规填写积分奖扣单，见表 10–3，然后交由管理者审批，通过后才能改写分值。

表10–3 员工积分奖扣单

积分奖扣单　　编号	
被奖（扣）人姓名	
事由	
奖扣标准	
下达人：　填票人：　审核：　录入：　时间：	

管理者在推行积分制度时，必须确保计分过程的公平、公正、公开。做到有功即奖，有过即罚，不偏袒、不偏私任何一名员工，并将积分结果

及其统计过程透明化。任何对积分结果有异议的员工都可以提出申诉，这种申诉制度可以让员工充分表达自己的看法和建议，解决内部矛盾冲突。

每个层级的管理者都有不同的奖、扣分权，一般来说，层级越高，奖、扣分的权限越大，如表 10–4 列出的某公司不同职别的权限。作为管理者要严格控制每个权限的奖扣指标，既要保证每一层级管理人员都有较高的执行力，又要杜绝管理人员滥用职权，擅自奖扣。

表10–4　某公司奖、扣分权限

总裁级	单次奖、扣分权限 100 分
总经理级	单次奖、扣分权限 80 分
经理（主任）级	单次奖、扣分权限 50 分
副经理级	单次奖、扣分权限 30 分
主管（副主任）级	单次奖、扣分权限 20 分
组长级	单次奖、扣分权限 10 分

2. 严格执行奖惩

在积分结果统计完毕之后，管理者必须落实奖惩，赏罚分明。奖励要即刻兑现，小礼品、奖金等实物奖励最好当众兑现，鼓励其他员工向优秀员工学习。为了不伤害员工的自尊心，惩罚可以不当众实施，但要及时实施，确保制度的严格执行。

3. 建立积分管理系统

有些公司规模大，员工多，只靠积分表格并不能完整记录和保存员工的积分数据。这样的公司必须具备完善的线上积分管理系统。如此一来，员工的奖扣申请、积分申诉，绩效核算等过程都可在线上完成，积分统计的效率会大大提高。

10.3 末位淘汰机制：绷紧员工的“弦”

末位淘汰制属于员工绩效考核制度中的一种，具体操作办法是对员工进行绩效考核，将考核结果排在末位的员工予以换岗、降职、辞退等处理。末位淘汰制度能给予员工一定的压力，绷紧所有员工的“弦”，形成团队内部的竞争氛围。

10.3.1 末位淘汰机制的优劣分析

末位淘汰制度下的每一位员工都有强烈的危机感，因为只要自己不够优秀，在竞争中处于劣势地位，就有可能面临被淘汰的风险。在这种强烈的竞争机制下，员工会尽自己最大的努力完成工作。

但是，末位淘汰机制也有一定的弊端。因为有些时候“末位”并不意味着应该被“淘汰”。拿学生考试来举例，满分 100 分，最后一名学生都考了 80 分，难道他应该被淘汰吗？相反，如果班级里不及格的学生有很多，只淘汰最后几名学生是解决不了问题的。

员工小李自从入职以来，一直勤勉工作，每次业绩考核都是前几名。可是最近小李因为亲人去世，工作状态严重受到影响，导致业绩下滑到了最后一名。这样的员工不应该被淘汰，而需要安慰和鼓励。

所以，末位淘汰机制就像是一把“双刃剑”，管理者要权衡利弊，如要使用末位淘汰机制，就应当充分发挥机制的优点，尽量避免出现淘汰优秀员工的情况。实际上，末位淘汰机制不是以淘汰员工为目的，而是希望这种方式能够鼓励员工奋力拼搏，促进公司内部竞争。

10.3.2 末位淘汰的三种形式

末位淘汰制度有三种表现形式，分别是调岗或重新培训、合同到期后不续签、最后才是让员工离开团队。管理者在实行末位淘汰制时须遵循一个前提，就是一定要通过综合考量，准确判断员工的能力。如确认他不能胜任岗位再进行“淘汰”。

“没有不称职的员工，只有不合适的职位。”在绩效考评中处于最后一名的员工很有可能被安排在了他不擅长的岗位上。所以调岗能有效解决员工在某一岗位上不称职的问题。调岗可以是降职，也可以是同层级的调换。

重新培训是指让员工重新参加岗位培训，复习岗位知识，如经过一段时间的学习之后仍不能胜任工作，则管理者要考虑降职处理等方法淘汰员工。

合同到期不续签是指公司在劳动合同规定的时间内仍然允许员工保留职位，在此期间，管理者须观察员工的业绩水平是否有所进步，如果该员工经过锻炼能胜任工作，可以考虑撤回淘汰。

另外，对于离开团队的员工，管理者可以采取一种特殊的方式处理，即返聘。阿里巴巴就是返聘制度的推行者。阿里巴巴规定，员工第一次淘汰后的三个月内，可以被重新聘任。返聘制度相当于管理者给予被淘汰员工一次改正的机会，员工会珍惜这次来之不易的工作，努力提升业绩。而且，返聘的员工比新人熟悉公司文化和制度，能更好融入团队。

10.3.3 淘汰率与末位淘汰原则

作为管理者，在实施末位淘汰机制时，淘汰太多员工显然不利于公司的发展；相反，如果公司业绩整体较差，只淘汰最后一两名员工并不能解决问题。所以，淘汰率和淘汰原则的确定尤为重要。

1. 淘汰率

末位淘汰率需要参考一个确定的标准。首先，管理者要根据员工的绩效将员工分成几个等级，例如优秀、良好等。其次，管理者须制定每个等级的百分比，例如优秀员工占排名的前10%，良好员工占40%，正常员工占45%，需改进的员工也就是可能被淘汰的员工占5%，见图10-1。

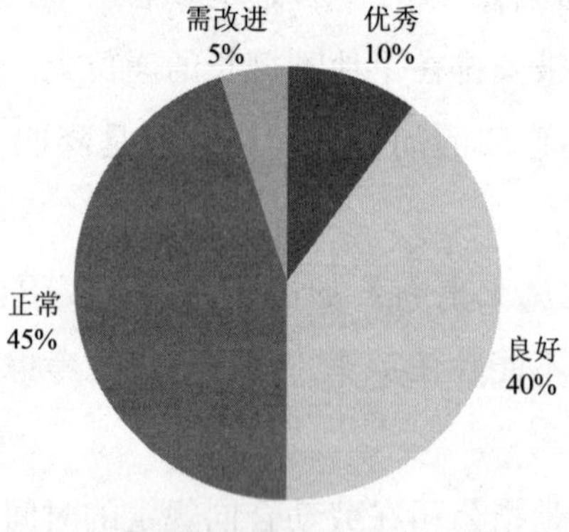

图10-1　员工评价分布

不同岗位因其性质不同，每一评级的百分比也有所不同。管理者须充分了解该岗位内容，合理分配各个级别的占比，做到既让优秀的员工留下来，又让被淘汰的员工心服口服。

2. 末位淘汰制度须遵循的原则

（1）公平性

末位淘汰制度必须保证公平，不管是普通员工还是高层管理者，只要业绩垫底，就必须面对淘汰的风险。管理者在实施淘汰制度时，应只谈绩效，不能受其他因素如人际关系的干扰。否则会导致淘汰制的滥用，优秀的员工也可能被故意淘汰。

（2）公正性

末位淘汰的决策必须要由多人商议，而且要有充足的证据证明该员工不能胜任职位，不可一人独大。决定淘汰员工时，管理者要给予员工充分的尊重和补救的机会，不能为了淘汰指标而强行开除员工。

（3）公开性

在团队内，如果末位淘汰制度不完全公开通明，就没有员工确定自己会不会被淘汰，整个团队的员工都会胆战心惊，处于巨大的压力之中。公开绩效考评和淘汰比例的计算过程是对全体员工基本的尊重，也能够提醒员工找到自己的不足之处，并加以改正。

以上三项是管理者在实施末尾淘汰制时必须遵循的原则，如果做不到这三点，末位淘汰制只能说是公司故意淘汰员工的理由，对团队发展毫无帮助。另外，管理者要保持末位淘汰制的灵活性，及时根据自身状况调整制度规范，让员工充分接受、信服。

第 11 章 团队文化建设：思想的聚焦与统一

团队文化是一个团队价值观的形象表达，是团队整体气质的体现。一个没有团队文化的团队，连接团队成员的往往是利益关系，而不是由他们认同的企业文化而形成的信念纽带。一个拥有优秀团队文化的团队才能有更强大的凝聚力。

11.1 管理者在文化建设中的作用

管理者不仅决定了文化建设的形式，还是团队文化建设的组织者和推进者。只有管理者发挥自身的力量，打造并传播优秀的团队文化，团队才能达成一致的目标，在成功的道路上更进一步。

11.1.1 管理者行为决定了文化的形式

优秀团队文化来源于管理者自身的价值观念。甚至有的时候，是管理者先提出一个愿景构想，团队才应运而生。管理者首先要明确自己在团队文化建设中的身份，才能在其中发挥主导作用。

（1）管理者是团队文化的创造者

管理者决定团队文化的形成，是团队文化形成的开端。管理者必须坚持正确的价值观和理念，建立让人信服的团队文化，并把文化传递给每一位员工。

威廉·库珀·普罗克特是宝洁公司的创始人，他在公司经营之初就提出用“做正当的事”的口号管理他的员工，这一理念时刻贯穿宝洁公司的各个层级，逐渐成为每一位员工奉行的处事准则。

（2）管理者通过自身行动塑造团队文化

处于领导地位的管理者既是团队制度的制定者，也是团队文化的代言人。管理者的思想理念决定团队文化的形成，管理者的行为举止，无论是在正式还是非正式场合，都传播着他所代表的团队的价值观和愿景。所以，管理者必须自身认同并遵守团队文化，以身作则，才能为员工做出良好的榜样。

迪克·科斯特洛是 Twitter 的首席执行官，Twitter 成立初期，他手下的员工比较懒散，无论工作是否完成，都很少有人加班。他的顾问曾开玩笑说："如果下午 5 点在 Twitter 大楼引爆一个炸弹，遭殃的就只有清洁工。"

迪克·科斯特洛逐渐意识到了问题的严重性，坚持要消除员工懒散的风气。从那以后，他每天都坚持工作到很晚，保证任何一个加班的人能找到他。逐渐地，越来越多的员工把精力投入到工作中，公司的整体效率大大提高，而且形成了一种积极拼搏的文化风气。

所以，一个团队的文化反映了管理者的理念态度，无论是什么样的文化，管理者都应在自觉遵守的条件下监督员工遵守。如果一个管理者不能做到尊重、践行团队的文化制度，那么员工也会对团队文化不以为意，团队文化会逐渐变成一个没有价值的摆设。

11.1.2　管理者居于文化建设的主导地位

一个团队是很难从基层形成完整的文化体系的。优秀的文化体系必须由管理者全权参与，以身作则，发挥其在文化建设中的主导地位。

惠普公司的企业文化被称作"惠普之道"，即"信任和尊重个人，强调做贡献的重要性，坚守诚实与正直，团队精神"。创始人比尔·休利特不仅在团队成立之初就提出了惠普公司的核心文化，还以此文化理念为依据聘用员工，使得每一位员工都秉持着相同的价值观念。随着员工人数和经营规模的不断扩大，团队文化建设不断趋于完备，惠普公司才有了今天的巨大成就。

惠普公司的文化创立过程和其领导人的全权参与息息相关。管理者须借鉴惠普公司的范例，通过多种渠道推进落实企业文化的形成。

推进文化建设大致分为以下三个阶段。

1. 准备阶段

首先，在形成系统的文化理念之后，管理者要倡导成立团队文化建设部或文化建设领导小组，明确每个人在文化建设中所担当的职责。其次，管理者须制定整体的文化建设实施方案，明确文化建设须实施的步骤，实施的预期时间等。

2. 推进阶段

推进阶段主要包括文化建设实施的微观步骤，例如，设计和发放 CIS 员工手册、针对中高管理层开设培训，使其充分了解团队文化理念；举办文化动员活动，普及员工团队文化常识等。

3. 维护阶段

维护阶段指对某阶段文化推行的总结。管理者须不断收集员工和社会公众的反馈信息，根据信息完善文化理念和制度，不断修正团队文化，做到与时俱进。

11.2　管理者的企业文化修炼

企业文化可分为三个层次：精神层、制度层和物质层。管理者要充分理解这三个层次的概念和关系，积极做好每一个层次的文化工作，建设一个完善的企业文化制度。

11.2.1　精神层：做好理念落地“带头人”

企业文化的精神层也叫核心层，是文化的最主要部分，包括企业的使命、愿景、核心价值观和战略。精神层的文化理念是企业文化中不可或缺的一部分，代表了企业的价值导向和其文化的深层内涵。精神层决定了制度层和物质层的总体基调，它们之间的关系见图 11–1。管理者只有建立清晰的精神层的文化内容，才能做好企业文化的落实工作。

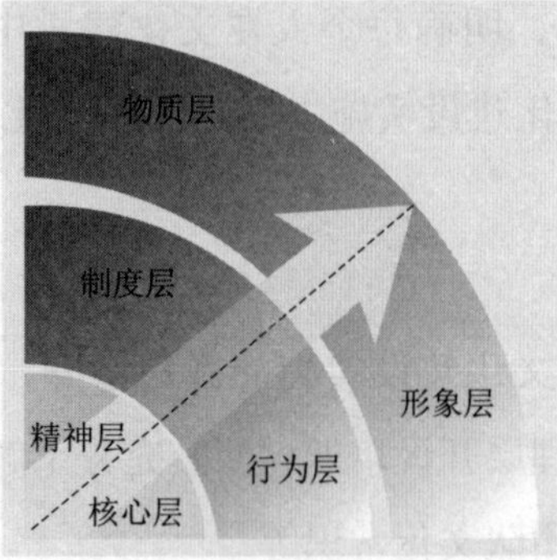

图11-1　企业文化三个层次之间的关系

在创建精神层团队文化时，必须遵循团队文化金字塔的原则。如图 11-2 所示，一个完整的精神层文化体系包含以下四大要素：使命、愿景、核心价值观和战略。

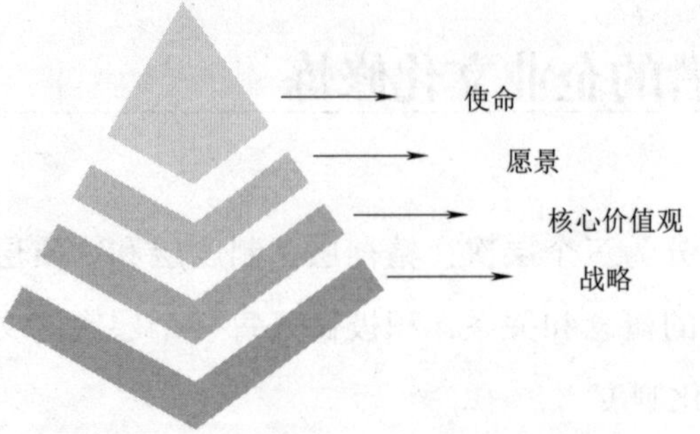

图11-2　精神层文化体系金字塔

1. 使命

使命是指一个团队努力的崇高理想和最远目标。一般来说，使命不可能彻底达成，但是全团队的成员自始至终都向着使命的目标接近。例如，阿里巴巴就秉持着“让天下没有难做的生意”这种使命。

使命是精神层文化的灵魂所在，是对团队未来充满崇高色彩的想象。

管理者要先确定团队文化的使命，赋予员工使命感，让员工觉得自己在从事一项伟大的事业，而不是单调的工作。

2. 愿景

愿景可以理解成团队中长期明确的、可实现的目标。例如，某公司的愿景是五年内进入世界 500 强。愿景虽然比较长远，但终归可以实现，这是它和使命最大的差别。管理者在确定团队的使命之后，即可制定团队的愿景，促进员工共同为这一目标而努力。

3. 核心价值观

价值观是一种对价值的判断准则。例如，宝洁公司的价值观就是“廉洁”二字，一旦有员工违背了此核心价值观，无论业绩多么突出，仍会面临被开除的命运。价值观为团队树立整体的道德观念或工作准则，是管理者和全体员工都须坚守的底线。

4. 战略

战略即团队定位。战略和上层的文化不同，是团队必须着手落实的一项规划。管理者须为团队做出清晰准确的定位，根据定位实施团队的各项决策，并逐个层级下分，最终把目标分配到每一位员工身上。

以上每一个要素都需要管理者进行充分的思考，并将理念用生动、独特的文字表达出来。表达的方式要充分展现企业的个性，力求简单易记，具有高传播性。

11.2.2　制度层：用制度强化文化

制度层也称行为层，包括企业的制度体系、企业风俗和员工行为规范。

1. 制度体系

制度体系就是企业的工作制度的总和，企业制度必须和企业文化保持高度的一致性。在一个团队中，如果只靠文化的软性约束，那么这个企业将空有情怀，缺乏纪律。制度的刚性约束可以增强企业的规范性，实现企业各个环节高效运行。在制度体系中加入文化的核心思想，制度就可以充当企业优秀文化的载体，良好的企业文化氛围将深深扎根于每一位员工的脑海中。

2. 企业风俗

企业风俗是企业约定俗成的典礼、仪式、节日等特色活动。企业风俗是企业在长期成长过程中逐渐地、自发地形成的，是企业文化内涵的体现。企业的风俗活动又可分为一般风俗和特殊风俗，一般风俗是指企业将已有的风俗融入自己的企业文化，如企业文艺演出、庆典活动等。

11.2.3 物质层：建设物质文化的原则

物质层也称器物层。它是企业文化的表层，是企业所创的器物文化。物质层是精神层的载体，企业的运营思想、哲学、作风和审美都通过物质层折射。物质层主要包括以下九个方面：

（1）企业樗、标准色、标准字；

（2）企业容貌，包含企业建筑的风格、自然环境、车间和办公室的布置和设计方式、厂区，企业生活区的绿化美化，企业对工厂污染的治理等；

（3）产品的特色、品质、样式及包装等；

（4）企业的文化体育生活设施；

（5）厂旗、厂服、厂徽、厂歌、厂花；

（6）企业的技术工艺设备特性；

（7）企业的纪念品；

（8）企业造型或纪念建筑；

（9）刊物、报纸、宣传栏、广告牌、广播电视等企业的文化传播网络。

做事篇

督促员工把事做好、做精

第 12 章

制度与流程规划：管理者也要有“铁腕”

正所谓“慈不掌兵”，管理者必须有“铁腕”才能管理好团队，这个“铁腕”正是管理制度。管理制度能有效规范团队行为、保障团队管理体制的运营效率。它是传达团队精神、管理理念与核心价值观的有效载体，是团队法治化管理工作的基础和前提。加强制度建设与流程优化工作，对团队把握市场机遇、提升管理绩效，都将产生正面作用和深远影响。

12.1　做事之前，首先要有制度

团队中的每项工作都不是随意发挥的，它应该是标准化的，先做什么，后做什么，都应该有固定的工作流程。制度通常都是建立在对工作每一个方面进行深入细致研究的基础上，并且总结优秀团队和优秀员工的“经验”与“教训”而制定出来的，制度可以有效避免员工反复“交学费”，防止员工因个人经验、能力、悟性等方面的不足而给团队造成损失。

12.1.1　反思：为什么制度会沦为“废纸”

好团队须远离人情文化。采用“人治”管理法的团队，管理者往往依靠权力与感情去管理，而忽视员工的处境与内心，长此以往，会导致制度失效，沦为“废纸”，团队缺乏凝结力，人才纷纷流失，员工往往在制度与人情中徘徊，无法信任制度，造成恶性循环。

导致制度失效的原因有以下几条。

1. 团队“潜规则”成风，做事先讲人情关系

小李毕业后来到一家私企，三次面试后顺利进入该公司。他虽初入职场，但能说会道，技术过硬，对于工作也是热情满满，很快便受到了公司上下一致认可。可到了年底评优的时候，明明能力强、人缘好的小李，却还是败给了老板那个刚来两个月的侄子。

“明明制度在那儿，但却不敢相信了，老板怎么说就怎么来吧。”大多数员工在职场中，对于这种时刻都不会陌生，分不清究竟是“人说了算”，还是“制度说了算”。甚至许多员工认为，老板就是法，即便有制度规定，但是遇到问题还是下意识询问老板，而老板也习惯于自身就是制度，即便他的命令与团队的现有制度不同。

长此以往，导致员工遇事不看制度，先找老板，一切以老板的决定为主，失去行动自主性，增加团队合作、沟通的成本，且办事效率低下。

2. 团队的“刺头”员工难管理

作为管理者，常有可能在团队中遇到这样一类人：他们具备一定的工作资历，不合群，不善于合作、分享，不认可制度，甚至常和领导顶撞，散播消极言论和思想。但有的却具备出众的专业能力和素养，一旦加入，就能使团队如虎添翼，这类员工被称为“刺头”员工。

对团队内的“刺头”员工，管理者可通过平日的观察，根据其特点制定相应的管理对策。

3. 人才留不住，团队陷入“逆向淘汰”的循环

“逆向淘汰”是指德才兼备的人才在职场中反遭冷落、排挤，乃至打压。

正常而健康的职场应该形成的是能者居高、弱者淘汰的机制，但在现实中却由于种种原因，频繁地发生人才流失，劣币驱逐良币的现象。

职场“逆淘汰”的原因很多，其一就是“能者多劳”。

若管理者给能力强者安排大量工作，会导致他们滋生不平衡的心理，同时助长能力弱的员工的侥幸心理。前者会抱怨，自身的努力认真反倒招来牺牲个人时间承担更多工作的后果，而后者却沾沾自喜，因自身能力差反落个清闲。

如此一来，团队气氛矛盾，认真工作的人越来越少，担子就会全落在能力强的身上，使其崩溃。

职场“逆淘汰”的原因之二，是做少错少。

在职场中，理论上管理者不应该鼓励员工犯错误，但是对待员工犯错，也应该给予适度包容。一旦苛求员工不许其犯错，员工很可能因为逃避犯错而干脆少做事，工作积极性大大下降，更做不出有创造力的成果。

管理者应该灵活对待员工所犯错误。若员工触犯了原则性的问题，或者由于粗心大意犯了本可以不犯的错误，就需要管理者严肃处理；如果工作本身有一定的难度，容易出现一定的失误，则管理者应自行分辨任务难点，为员工提供必要的帮助，降低失误概率；而那些本来成功率就非常低的任务，管理者应该多鼓励员工尝试。

4. 管理者主观倾向严重，不能对员工做出客观评价

管理者能管理好员工的基础之一是以正确的态度去审视员工，给予员工客观地评价。然而，在实际管理中，许多管理者经常会因为自己无意识的主观倾向导致对员工产生片面的主观印象，并根据这个印象为员工安排不当的岗位或工作，致使员工的能力无法有效发挥，对团队归属感很弱。

导致这种主观评价倾向存在的具体原因有以下三点。

（1）首因偏差

美国社会心理学家洛钦斯指出，当我们在与某人进行第一次接触的时候，我们往往对这个人形成一个最初的评价，这个评价就是我们对某人的第一印象，而由这个第一印象所产生的一系列的反应，就称为首因偏差。

管理者在管理员工的过程中，也常有类似的情况，如管理者先入为主地认为某位员工具有认真负责的品质，即使该员工以后工作中出现了失误，管理者也会觉得人无完人，更容易包容他的失误。但若先入为主地觉得某员工是个“刺头”，那么，该员工在日后稍微有不良表现，都会加重管理者对他的负面印象。故管理者在日常的管理过程中，不要片面评价员工，要综合考量其素质，同时还要把握好管理者自身给人的第一印象。

（2）晕轮偏差

晕轮偏差是指某人的某种特征或品质过分突出，像月亮的晕轮向周围弥漫、扩散，掩蔽了事物的总体面貌，导致观察者看不到这个人的其他特征或品质。在评价过程中具体表现为：因管理者对考核对象有先入为主的印象，在评价他时，就容易以点概面、以偏概全。

管理者在评价员工的时候一定要综合考量，部分员工性格内敛，但工作负责，而有些员工善于交际，口才出众，但实际工作成果却并不尽如人意。管理者评价员工时，应广泛收集信息，全面考察事实，尽量克服评价的片面性。

（3）刻板偏差

刻板偏差是指人们在接触一个人时，常不自觉地按其年龄、性别、职业、民族等特性对其进行分类，在脑海中给予其固定形象，并将此作为判断其个性的依据，把人定性。最常见的定性是在观察某人时，把他归类到某一群体之中，如“高富帅”“女强人”等。管理者在日常管理中，经常会依据员工对待工作的态度、交际水平等把员工分为若干类，从而采取不同的管理对策进行管理。

对员工定性一定程度上方便管理者去开展管理工作，但管理者如果没有充分了解员工，以偏概全去定性，就会形成不正确的刻板形象，不符合员工的实际特点，导致形成偏见。作为管理者，必须全面地了解员工，才能对员工做出正确判断，实施管理。

12.1.2 将管理人性化与制度相结合

人性化管理与制度化管理是团队管理的两个方面，若没有制度，团队会失去运行的基石，若没有人性化管理，团队会失去未来的发展，两者是相辅相成并相互补充的。这两种管理方式团队缺一不可。

制度化管理要体现人性化管理，而实施人性化管理时要谨记制度是管理的最高境界。若不够人性化，管理就过于死板，若缺乏制度，管理便过于随意。因此，管理者必须掌握人性化管理与制度管理结合的“度”。在实践时，要从以下两个方面进行把握。

1. 人性化管理要以制度管理为前提

人性化管理依据严格的规章制度，将“人性”与管理结合，使全体被管理者在富有“人情味”的管理中，自觉遵守各项规章。但人性化管理要讲求原则和限度，离开规章制度来谈人情化，等同于离开管理的前提和基础，会使管理者迷失管理的方向和目的。

2. 制度管理必须借人性化管理来完善

制度能使团队高效运转，但却无法令员工融入团队、自发工作并始终维护团队利益。在团队实际运行中，许多事情无法用制度进行约束，它只适合带有共性的问题。管理者要明白制度仅是管理的方式而不是全部，在实施制度化管理的同时，要将人性化管理融入进去，对某些特殊问题弹性化处理。比如，员工的病假每月只有两天，但当员工生了大病需要长期休假，管理者就可以让员工出示医院证明，核实后批准长期病假。

此外，若一味以严格的制度处理问题，容易导致员工思想僵化。制度也无法解决员工思想认识问题，制度只说明“可以、不可以”，而不说明“为什么、如何”。它无法从根本上令员工自觉遵守制度，而人性化管理正好可以弥补其不足。

12.2　管理与流程的“不解之缘”

团队的管理制度规定了员工的具体工作内容，而管理流程则能引导员工高效完成工作，有制度而无流程，团队就会面临效率低下、氛围散漫等问题。客观、优质的工作流程能帮助员工克制工作时的主观性，帮助团队降低成本、控制风险，提高团队的经济效益和市场竞争力，实现团队效益的最大化。

12.2.1 反思：为什么管理必须走流程

许多管理者在进行团队管理时都会碰到类似疑惑：“为什么员工工作时总是拖拖拉拉？”“为什么团队的经营战略非常理想但执行时却频遭打击？”“为什么下属不能自动自发完成工作？”原因就在于出现这样情况的团队管理一定没有走流程。

近年来，随着各种新型管理理念、技术与方法的不断涌现，团队管理已从职能管理逐步转变成流程管理。知名团队如联想、华为、中兴等都是流程管理的受益者，这些团队都是从流程再造中获得生机、活力与发展基础，并不断壮大，最终脱颖而出的。

流程是团队运营的核心，有助于团队员工在执行过程中明确做事的目的、顺序、标准。合理高效的流程能够消除团队的部门壁垒、职务空缺并解决团队执行不力的问题，它是团队降低成本、提高竞争力的基础，也是提高团队效能的关键。麦当劳的所有工作都有规范、简单、实用的流程，新员工从入职到上岗仅需 6 个小时；海尔董事长张瑞敏曾以 5 000 美元一个流程的价格请麦肯锡团队为海尔再造 2 000 个流程；万科公司的新员工能够很快地掌握工作要求并把工作做好，原因也在于万科公司的标准、完善的工作流程。

若员工做事没有规范，相互之间职责不清，团队整体效率就会低下，又何来竞争力？所以，管理人员应明确认识到流程管理是团队规范管理和其在市场上赖以生存和发展的核心。

华为总裁任正非说：“一个新员工，看懂模板，会按模板来做，就已经标准化、职业化了。你三个月就掌握的东西，是前人摸索几年、几十年才形成的，你不必再去摸索。”这句话切实指出了流程管理与标准化管理的优点。它是提升团队和员工执行力的有效工具。一个缺乏流程化管理的公司，其员工的执行力也不易有效提升。很多团队虽然意识到流程管理的重要性，但在实际的管理中还存在着许多问题，知名流程管理专家舒化鲁总结了14条团队缺乏流程竞争力的表现，内容如下。

（1）管理者权本位意识严重，缺少流程管理意识，团队等级观念盛行。

（2）团队缺乏流程管理，运行依靠行政指令协调，团队领导和管理者都忙于事务性工作的管理之中，对团队发展大事无暇顾及。

（3）团队缺乏统一规范的流程标准控制，各单位、部门之间配合度差，员工工作的方式、程序、效果无法与整体流程对接。

（4）团队缺乏对流程价值目标的界定，导致员工缺乏工作积极性。

（5）团队流程标准界定过粗，但凡一个员工离岗，接替人员在上岗后短期内很难把工作做到位，造成整个部门工作瘫痪的局面。

（6）团队流程标准不全、责任不严，或缺乏流程运行补救措施，团队运行活动无法与企业资源计划（Enterprise Resource Planning，ERP）对接，ERP技术运行效果不佳，甚至完全失效。

（7）行政隶属关系阻断流程及流程活动之间的紧密联系，流程结构混乱，致使很多部门在活动中只有投入，却没有创造团队价值。

（8）团队没有监控和及时整改流程运行，只能秋后算账式地追究员工责任。

（9）流程接口责任界定模糊，没有具体的责任人。流程衔接困难甚至运行受阻中断，没有人承担负责。

（10）团队没有对物料采购供给进行严格的流程控制，为规避吃回扣和盗损问题过分依赖亲信，导致效率低、漏洞多、损失大。

（11）团队经营活动衔接不紧，生产计划、调度依靠行政指令实施，缺少流程控制，效率低下。

（12）团队没有对流程进行整体协调，团队运行的统一流程缺少营销管理，导致营销策略相互矛盾、营销渠道相互挤压、营销费用居高不下，但市场份额却增长缓慢。

（13）成本管理与流程运行过程脱节，成本控制常靠“一刀切”的比例控制，导致可挖掘的潜力被埋没，必需的投入被挤掉，浪费严重。

（14）团队缺少对流程的改进与提升，团队中无人对低效过时的行事方式负责。

上述问题是导致团队流程管理失败的几点要因，团队若想像华为、联想等大公司一般迅速成长，就要将这些问题一一解决，从而提升团队流程执行力。

12.2.2 建立流程体系的“七步法”

团队在建设流程时要避免走入多和少的极端，追求流程的适用性与“落地”比追求流程的完美更重要。流程建设要怎么做？怎样能让流程与团队的发展需要相匹配？怎样使流程有效“落地”，请参考以下七个流程建设步骤。

1. 流程分析

（1）从问题和效率出发

建设流程前先要思考两个问题：要解决什么问题和是否能提升团队效率。团队要从问题、效率出发，力求制定简明、实用的流程文件，绝不能制定形式主义的流程管理。很多团队设置了复杂的客户投诉流程，一次投诉甚至涉及七八个部门，看似规矩实则却掩盖了责任，没能做到以客户和市场为中心，此种形式主义流程是无法提高团队效益的。

（2）全价值链思考

美国学者迈克尔·波特于1985年提出价值链的概念，其主要内容是将团队的财务、生产、经营、人力资源等方面有机整合，令计划、协调、监督及控制等环节形成一个相互关联的整体，以链的特征来实施团队的业务流程。从全价值链思考流程建设的目的是使团队价值最大化，借助业务重组和流程再造，将团队各项优势价值活动进行整合，扬长避短，从更广泛的角度使团队价值不断提升。

（3）细化、优化、简化

团队的流程建设大都经历过“无—有—乱—繁—简”五个状态。这就要求团队始终对流程进行细化、优化与简化。比如，A 团队刚从职能管理向流程管理转变，流程文件从无到有。而流程全面执行以后，随着问题的暴露，A 团队则需要综合分析哪些流程可以再优化。最后通过全价值链的分析，将那些无法创造价值的多余流程简化掉。

2. 确定主导人

要明确每个流程的主导部门及主导人。流程链连接的是岗位，该岗位所属的主导部门及主导人就是该流程的责任主体。当流程文件有问题时，可据此迅速找到责任人。

主导人为工作开展利益相关主体或责任主体。主导人要依据工作开展的责任主体和利益相关体来确定。主导部门及主导人为该流程责任主体。

3. 调研制定

制定流程文件一定要经过调研，若制定出来的文件无法解决问题，会造成极大的管理浪费。调研过程如下。

（1）深入具体问题，找到失控点

对于流程失控点，管理者要现场调研、主动发现。比如，当品控流程出了问题，若管理者不到车间现场，就无从了解问题究竟出在“人、机、料、法、环”的哪个环节。只有深入现场、问题，找到失控点，才能通过流程协调各个利益相关方。

（2）改善方向要明确、具体

制定流程文件时改善方向一定要具体，切忌“大而全、泛而不专”。

（3）明确初步的改善动作

调研过程的重中之重就是到问题当中去，尤其是到问题现场。调研的过程是深入问题的过程，对问题进行了解、分析、制定改善措施并解决问题。调研完成后，初步的改善动作也就明确了。

4. 研讨确认

很多管理者做流程文件只花费三分精力，但执行却花费七分。殊不知，前面这些制定环节没有做到位，流程执行时效果就会大打折扣。这些制定环节中，研讨确认是极容易被忽略的一环。那么，如何做好研讨确认环节呢？

（1）充分讨论，合理性大于权威性

确定主导人并等到主导人分析和总结相应的失控点和问题后，团队就可以召集流程相关的责任主体进行研讨。研讨的过程就是集体决策、明确个体责任的过程。

（2）培养执行者、协作者的认同感并对其进行培训

在研讨阶段召集相关责任主体进行参与，令各主体在研讨会议上发表建议。研讨的过程即推行流程文件的过程。开展流程研讨会议能培养执行者、协作者的认同感，这个过程也是对责任主体的培训过程，它能使责任主体明确自己在流程文件中的角色和责任。这个就是研讨会议的作用，是不可忽略的。

（3）动作必须具有针对性

推行一个管理动作前一定要考虑以下五个问题：

①为什么做？

②怎么做？

③预计做成什么样？

④能起到什么作用？有无横向的相关性？

⑤结果能够系统呈现吗？

5. 流程文件的确认以及会签

流程落地的关键是会议决议一定要在会后让相关责任主体签字确认。会签有两个要点，分别是充分的知情和明确的责任。

当流程文件完成研讨后，要正式地将研讨内容同相关责任主体逐条确认，如有异议就在现场进一步研讨，确认无误后相关责任主体就最终确认的流程文件进行会签。这个过程就是做到充分知情的过程，也是明确责任的过程，会签的意义就是明确个体责任。

6. 改善执行

流程文件会签后，下一步就是执行，执行过程中要注意以下几点。

（1）检查要频繁

确保流程文件落地执行的关键是频繁地检查。频繁地检查能保障流程文件落地，落地的流程文件才能体现其权威性与价值。

（2）僵化、优化、固化

有时候做流程革新需要先僵化，僵化就是原封不动地执行原流程文件，若在团队里一味纠结对错而不去行动，纠结成本就会远远大过试错成本。流程文件的落地比完美更重要，务必坚持先僵化，再优化，后固化的原则。

（3）动作必须具备针对性

流程文件的动作一定要具体、有针对性。

（4）执行时避免越级管理

在流程规定执行的过程中，许多团队会面临“越级管理”问题。老总在车间看到员工犯错，上来就直接质问，这就是越级管理。正确做法是不对员工进行直接质问，而是先确定车间负责人，然后老总找到主管，主管找到组长，组长再发挥管理职能，这是按流程管理的正确方法。当然，紧急情况除外。

界定越级管理需要谨记一条原则——“向上能越级投诉但不能越级汇报，向下能越级检查但不能越级指挥。”

（5）权威性要大于合理性

在执行阶段要强调权威性大于合理性。

管理者一定要明确制度高于一切的管理思想。制度是保障团队良好运行的基石，若随意发号施令、践踏制度，会使制度形同虚设，导致员工的行为与团队的运行产生不可逆转的偏差。

7. 优化改善

（1）不断优化

流程文件并非一成不变，它需要不断地优化与改善。例如，朗欧咨询的流程文件就有 A0 版、A1 版、A2 版等。

（2）过程严谨是说流程优化阶段跟制定阶段一样，都要经过研讨、调研、会签的步骤。

（3）固定频率

固定频率是指流程文件要有固定的修订周期，比如，每年或每半年修订一次。在这方面要避免从不修订和天天修订两个极端。

关于流程建设，流程设计是基础，责任明确是要领，动作具体是重点，反复检查是核心，不停改善是宗旨。它是简单、枯燥、重复的，团队要抱有精细化管理的态度与落地执行的决心，真正实现流程管事。

12.3 与时俱进：制度与流程优化

制度是团队运行的基础，工作流程是核心。团队要在运行过程中做到对二者持续改进、不断优化，才能进一步提高管理水平，促进各项管理规范化、程序化，从而提高团队管理效能和执行力。

12.3.1　制度优化：重塑员工执行力

执行力是指贯彻战略意图，达成预定目标的操作能力，它是把团队战略与规划转化成为效益与成果的关键。执行力包含三点，分别是完成任务的意愿、能力与完成的程度。

对员工而言，执行力就是办事能力，而衡量执行力的标准就是能否按时、按质、按量完成自己的工作任务。现实中，员工在执行力方面存在以下几个问题。

（1）虎头蛇尾：员工在制定计划方案时非常自信，方案被批准后，到了执行时却失去信心。

（2）没有头绪：员工重视某事并想将其做好，但到执行时无法抓住重点。

（3）半途而废：员工在执行过程中，一旦遭遇挫折就容易心态失衡，甚至放弃执行。

（4）障碍问题：员工长期处在执行力差的局面，逐渐形成心理障碍，变得好高骛远、眼高手低，彻底失去执行力。

而制度优化能从以下五个方面有效提高员工执行力。

1. 帮助员工找到执行意义

重塑执行力的第一步是找到执行的意义。员工在做事时需要动机，对他们来说，“想做”和“被迫做”有着天壤之别，找到动机再行动，是提高员工执行力的第一步。家长在教育孩子时，若总是告诉孩子学习的意义是为了孝顺父母、回报社会，会致使孩子缺乏学习动机，但如果使孩子认识到学习是成为自己想成为的人，孩子明白学习是为了自己，自然就会去努力了。

在职场中，不断优化的制度能指导团队发展，有效帮助员工了解个人的职业规划，让员工为自己与前途而工作，员工就会在工作上主动积极，执行力自然就提高了。

2. 帮助员工确立执行目标

重塑执行力的第二步是确立执行目标。目标必须是清晰的、阶段性的、易达成的。清晰的目标是指可量化的，具体的目标。例如，让身体健康就是一个抽象的目标，但每天健身半小时，一周内不吃油炸食物就是清晰、具体、可量化的目标。目标抽象会让员工在执行中毫无头绪。当目标有阶段性、易达成，能使员工在执行中感到有希望，在稍做努力就能实现一个目标的情况下，员工会有成就感。

举例来说，家长在学习上给孩子制定目标，不能制定这学期考第一这样的目标，而是将这个目标具体到每一天，规划当天要完成的功课、要读的课外书，孩子就能很容易地执行。在团队中，不断优化的制度能帮助员工确立清晰的执行目标，结合管理者和员工对目标的规划与细化，员工便能够按照规划逐步完成计划，执行力自然稳定而高效。

3. 帮助员工避开规划陷阱

重塑执行力的第三步是避开规划陷阱。员工在执行时要有规划，但绝不能沉迷于规划。规划是理想的、针对当时情境制定的，但现实是在不停变化的。若一味跟着规划行动，只会跌入规划陷阱中，频遭障碍、失去方向。

缺乏执行力的人只是“空想家”，表面规划的前景无限，但毫无实际价值，只是“纸上谈兵”，规划只有在真正实践时才能切实、有效。

而制度优化能做到与时俱进，不断更新，制度的更新能引导员工认清现实并更新其规划，从而避开规划陷阱。

4. 帮助员工规避“知行合一”的陷阱

重塑执行力的第四步是莫等“知行合一”。员工在做事前对事情的认知不足就不执行，是“知行合一”的陷阱。提升执行力的正确方法是行动在前，一边学习一边总结、成长。对事情的认知是为了更好地执行，只知理论而不实践就会缺乏素材和经验，用行动带动认知成长才能提高执行力。员工在执行时之所以缺少头绪，就是因为实际经验不够。

在职场中，工作之前习惯问东问西的员工看似聪明，但实际执行力却往往不足。一旦投入实际工作中就能发现很多问题会迎刃而解。不断优化的制度会对员工的工作内容进行指导，帮助员工明确任务，规定完成时间，避免做事时的犹豫。

5. 帮助员工养成执行习惯

重塑执行力的第五步是养成执行习惯。到了这一步，员工能专注、果断地执行意义、方向和规划明确的事情，并在这个过程中养成良好的执行习惯和正向的心态。出色的执行力是培养出来的。执行力好的员工不一定能力强，但执行习惯一定好。不断优化的制度能贯穿员工执行力重塑的过程，给予执行力重塑以帮助和指导。

制度优化能帮助员工明确执行意义，确立执行目标，规避规划陷阱，用执行去带动自己的认知，并在执行中获得结果，正向回馈自身努力，帮助员工重塑执行力，建立良好、高效的执行习惯。

12.3.2　好的团队不是强在业务，而是强在复制力

我国管理培训专家章义伍曾做过一个“用流程复制”的演讲，当时他将美国和中国的企业做了一个对比。在世界 500 强企业中，美国企业占了 1/3 的席位，而中国企业的数量却屈指可数。美国企业包括可口可乐、麦当劳、DELL 电脑、HILTON 饭店、沃尔玛、迪士尼等都可以复制到全球任何一个他们认为值得去拓展的地方，而中国企业却很少能有这样的成就。

那么，中国企业和美国企业的差距从何而来呢？源于两国企业所采取

的两种不同的商业模式：能人模式和系统模式。美国人是用流程在复制团队，而中国人则更多的是在靠能人和经验扩张团队。这种靠能人和经验打造团队的方法，只有两个结果：要么做不大，要么做大了，也很难持久。优秀的团队不是靠能人，也不是靠热情，更不是靠使命，而是靠一套完整的体系来支撑。世界著名的质量管理专家爱德华兹·戴明说过："不能满足客户要求的原因中有85%与系统和流程的缺陷有关，而不是员工。管理的角色是改变流程，而不是迫使个别人做得更好。"

李老板是做木材加工生意的，建厂初期，厂里没有营销部和销售部，每一个订单都是他和十几个工人通过派发传单得到的。李老板每天做的事就是拿出地图，划分区域，然后让每个工人负责几个区域，最后大家一起挨家挨户、地毯式地派发传单。这种推广方式，让李老板的手机每天响个不停，订单虽然源源不断，但李老板经常是接了这个忽略了那个，导致很多订单在无形之中流失了。

后来李老板偶然之中看了一篇文章，介绍麦当劳的发展过程，他注意到了麦当劳的发展核心，即标准化和复制。于是李老板决定将跟随自己的十几个工人分别派到周边城市，让他们在当地招募团队，复制现有的推广模式，而他只需要管理这十几个工人整理上来的订单就可以，见图12-1。

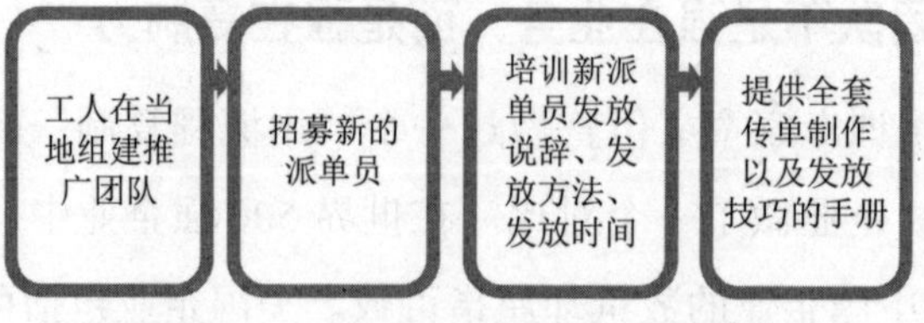

图12-1　李老板复制推广团队的流程

在把工人们派出之前，李老板把传单的设计、制作方法、格式以及派发时的谈话技巧、时间等关键要求，制作成了一本小册子，让每个工人熟记并背诵。然后，李老板许诺给业绩前三的城市负责人补贴 10 万元奖金。

因为这 10 万元奖金，每个团队都想方设法地拼命提高业绩，李老板获得的订单比以前更多了，而且还顺便使工厂在周边城市打出了名号。因为这次复制的成功，李老板的工厂得以快速成长，成为当地数一数二的企业，在本地和周边地区都占有极高市场份额。

团队管理者可以从李老板的案例中获得启示：团队的规模大小并不在于它有多少能人，而在于它的复制力。

强大的复制力可以促进团队的蓬勃发展，减少扩张的成本，降低人员流失带来的影响。这种标准化的复制模式，实质上是实现了更大范围的资源共享，只要管理者掌握核心的工作方法和技术，团队中的任何一个岗位就都可以被替代，而团队中的任何一个人也都可以在最短的时间内建立一个新团队。

第13章
定期开会：让员工有方向地做事

开会的意义在于及时沟通信息。定期会议能使团队及时共享、收集、生成并洞察信息，并根据相关信息处理异常问题，调整资源分配，协调团队的步调，推动团队发展的进度。但开会必须讲求科学方法，高效开会才能真正解决团队问题。

13.1　那么多会，都有什么用

会议可分为晨会、夕会、日例会、周例会、月例会、年例会。那么，这么多会议都有什么用？管理者又该如何选择呢？

13.1.1　晨会：制定工作计划

俗话说，一日之计在于晨。在这一宝贵的时间中，有些团队会召开晨会来部署一些当日的工作。但是不免会存在一些问题，那就是晨会流于形式。

一些团队管理者没有真正发挥出晨会的作用，只是停留在单向沟通的层面上，没有和员工进行双向的交流，或者只是简单地安排一下当天的工作，而没有提出对工作的明确要求，又或是变成了员工的签到点名会。总而言之，这些都显示出晨会的形式比较随意，甚至成为一种形式主义。究其原因，有以下三点。

（1）有些团队虽然召开晨会，但没有对晨会的形式、内容等作一个统一的要求和标准。

（2）有些团队的晨会缺乏双向性，仅仅只有管理者一人发言，缺少和员工的沟通交流，久而久之，员工就会失去积极性，进而影响工作。

（3）有些团队虽然意识到了晨会的重要性，但没有抓住召开晨会的核心目的。

由此可见，团队必须针对自身的情况，制定一个可行的晨会管理制度。而且在晨会上，要多鼓舞团队员工，而非批评或处罚员工。因为在一天的起始，拥有一个良好的心态将对今日的工作有很大帮助，而一个坏心情将会不可避免地对员工今日的工作产生不良影响。所以在晨会上，管理者应该以激励员工为一日的开始，调动起员工积极的工作情绪。

开晨会时，最重要的是要明确当日的必做工作量。在正式开始工作之前，提前制订一个任务完成计划是非常关键的，因为计划可以让员工有一个努力的目标，而不至于漫无目的地过完这一天。

适当制订一个明确的工作完成要求，可以促进员工的工作进度，即将一定的工作压力转化为工作动力。而且明确当日的必做工作量，不仅有利于促使员工积极工作，对加快团队任务进度的完成也非常有帮助。

13.1.2 夕会：检验工作量，听取反馈

既然有晨会，那么相对应的，也有夕会。夕会就是在结束一天的工作后，团队在下午召开的工作会议。然而，晨会主要是部署工作，明确当日必做的工作量，而夕会则是检验当日的工作量，以及反馈当日工作中发现的问题。

员工在一天的工作中，可能顺利地完成交托的任务，但是有些时候也会不可避免地遇到一些问题，这些问题可能并不会对所负责的工作产生很大的影响，但是既然有问题出现，那就说明工作中的某个环节必定存在着一些差错，而且就算当时不影响，也不能保证其对日后的工作不会产生影响。

所以，从这点来说，召开夕会就非常有必要了。在夕会上，团队管理者除了检验员工当日完成的工作量是否达到晨会上所要求的当日必做工作量，还应该听取员工在当日工作过程中遇到的问题，即接收员工的问题反馈。

员工完成必做工作量是基本要求，而将问题反馈给上级，明确问题出现后的下一步做法也是必需的。只有把遇到的问题反映出来，让团队员工以及管理者知道问题所在，共同应对、解决问题，这样做的话，不管是完成进度，还是完成质量，都会得到有效提升。

可以说，团队召开夕会的目的就是为了检验员工当日的工作完成情况，对工作中出现的问题做一个反馈总结，以便下一次再遇到相同或类似的问题时，掌握相对应的处理办法，避免手足无措。而且，夕会上的工作量检验有利于团队建立起一种目标承诺兑现的文化氛围，在夕会上的问题反馈总结，则让团队员工能互相学习经验教训，增强团队间的沟通交流。

13.1.3　日例会：准备一天的工作量

例会作为团队日常工作中的一项重要内容，不仅能帮助员工了解团队的发展近况，加强员工对团队的责任意识，还能总结先前的错误、问题，让员工在明确的指导下，完成团队所下发的任务。

作为例会当中的一种，日例会主要是为准备一天的工作量而召开的。所谓的日例会，就是指每日例会（Daily Scrum）。它是为了让每一位员工都能了解到当前工作项目的进展情况而对团队进行召集的活动。

每日例会的会议时间不宜超过 15 分钟，因为它是用来检视、同步、适应性地制定每日计划，以帮助团队更好地完成工作的短小会议。

日例会又可以细分为晨会和夕会。在晨会上，主要是明确今日的必做工作量；在夕会上，主要是检验今日已完成的工作量，并反馈在工作中出现的问题，以明确下一步的做法。总的来说，在日例会上，要对这一天的工作量做一个准备或检验。

13.1.4　周例会：周业绩检测

召开周例会是管理团队的一个方法，它具有总结计划、过程监控等作用，对团队负责人进行管理工作有着不可或缺的重要性，它的召开，是增加团队每周业务量的一个重要方法。

但是，一些团队的周例会却开得很糟糕。例如，有些周例会几乎全由领导来发表讲话，极少听取员工的工作意见与建议；有些周例会属于流水账式，即由会议主持人宣布会议开始后，每个人按照既定的顺序发表讲话，全部讲完后，会议就结束了；还有些则是聊天式，大家随意说一通，到会议结束的时间了，就各自散去，缺乏会议的组织性。

依据团队周例会的重要性，不管是员工还是管理者，都必须认真对待周例会。怎样才能将周例会开好，是一个团队全员上下都值得重视的问题。

召开一个会议，其时间点的选择十分关键。在一个恰当的时间召开会议，有利于提高会议效果。周例会也不例外。

就周例会的时间点选择而言，最好是每周工作日开始或工作日结束的当天。因为在一周的起始日召开会议，可以对刚结束周末休假状态的员工进行一个工作积极性的调动，帮助他们调整好这一周的工作状态，并且在起始日管理者可以总结上一周的工作情况，以及布置这一周需要完成的工作，让员工有一个充分的准备。同样的，如果周例会在工作日结束的那天召开，管理者可以对这一周的工作情况做一个反馈总结，以及预布置下一周新的工作任务。

当然，除了时间点的选择，一天当中应该把周例会安排在什么时间段也是有讲究的，需要注意的是，会议的安排要尽量避开用餐或即将用餐的时间。

因为经过了一个上午的工作，员工正饥肠辘辘，如果在用餐时间段召开周例会，员工不仅无心开会，甚至还有可能缺席。选择这样的时间段召开会议会导致会议效率低下，参加率降低，达不到预期的效果，周例会的召开也就失去了意义。

在周例会上，管理者对员工的周工作量进行环比考核，是一项重要的工作，这是对员工连续两周的工作量做出的一个评价。而且对员工进行有效的环比考核，有利于提升员工工作任务完成的质量与速度。

只有将工作完成量以具体的数据形式呈现出来，员工才会比较容易地产生工作实感。将工作量转化为直观数据，员工能更加清楚地了解到自己这两周的工作量完成情况，间接推动团队每周业务量的增长。

周工作量包含两个方面：一是环比增长率，反映本周的工作量比上周增长了多少；二是环比发展速度，一般是指连续两周的工作量增长或下降程度。

团队通过对员工的周工作量进行环比考核，可以让员工反思自己在近阶段的工作表现。若是考核数据的结果呈现出增长趋势，就说明近阶段的工作状态良好，应该继续保持下去；若是呈现下降趋势，则说明近阶段的工作效率有些低下，需要调整工作状态，继续努力，以便在下一个周工作量环比考核中得到提高和改善。

另外，管理者在周例会上还需要对员工进行周业绩环比考核。与周工作量环比考核类似，周业绩环比考核就是指将团队员工本周的工作业绩与上周的工作业绩以数据统计的形式进行比较，从而对员工的工作业绩作出考核评价。

团队在对员工的周业绩做环比考核的时候，可以采取横向环比法和倍数环比法两种方式，其中前者是指将考核指标结果与同时期的同事的平均业绩进行比较，按照相对的好坏给予奖罚；后者是指先将各个考评因素进行随机的排列，再按照一定的顺序，对各个考评因素进行比较，得出各因素重要度之间的倍数关系。

横向环比法的优势在于见效快，可以充分鼓励团队员工之间的良性竞争，从而提高员工的工作效率，并且还能综合反映市场的变化，减少市场变化对于员工业绩的影响；而倍数环比法由于有准确的历史数据做依靠，因而在团队考评者设定绩效考核的权重时可以起到较大的作用，从而避免团队考评者对员工进行业绩考评时掺杂大量的主观性，保证了员工周业绩环比考核的公平性。如此一来，员工对周业绩的考核结果也会比较信服。

以“周”为一个时间节点，对团队员工做周业绩环比考核，以最终的业绩数据结果来激励员工，有利于员工产生一种竞争心理，为下一周的业绩目标奋斗努力。

周例会上的最后一个工作就是要点总结。周要点总结是对团队这一周的工作完成情况的一个结果表达。需要注意的是，做周要点总结的时候，一定要学会用数据说话，即将相关的工作情况用数据的形式展现出来。

由于数据简洁又具有直观性，所以用这种形式对周工作进行总结，既清晰明了，又能体现出管理者的工作能力。而为了契合数据这种形式，采用表格书写的方式要比单纯写一篇文章来做周要点总结更为适合。因为表格更有利于数据的读取与计算，见表 13–1。

表13–1　周要点总结表范例

<table>
<tr><td colspan="2">部门：　　组：　　姓名：　　职位：　　日期：</td></tr>
<tr><td rowspan="3">本周工作总结：
1. 只写目标完成的结果，不描写具体过程。
2. 用数据说话，一定要写出完成的百分比和绝对数值。例如：上周完成 ×× 项目，完成计划的 80%。
3. 无论结果是成功或者失败都需要总结，不要避重就轻。
4. 写出重要的日常工作。</td><td>目标完成情况：</td></tr>
<tr><td>目标达成与否的原因分析：</td></tr>
<tr><td>工作表现自评：</td></tr>
<tr><td>下周工作计划：</td><td>主要工作事项：</td></tr>
</table>

13.1.5　月例会：周业绩环比

如果说，团队召开周例会是增加每周业务量的重要方法，那么月例会的召开，则是业绩翻倍的引擎。在月例会上，团队管理者应该对员工的每周业绩情况进行一个图表分析，对员工的月工作量做一个数据分析，还要针对员工工作的优良情况兑现奖惩措施以及根据本月业绩的完成情况，对下月的业绩考核做出修订。

业绩是团队员工在一定时间内所达成的工作目标水平。那么，每周的业绩情况图分析就是针对员工每周所达成的工作目标水平，以图表的形式做一个统计，而在这种图中数据的展现尤为突出。

一个月以"周"的时间节点来算的话就是四周。管理者需要对员工当月四周所完成的业绩做一个精准的统计后，在月例会上将其以图的最终形式展现给全体员工，见图 13-1。

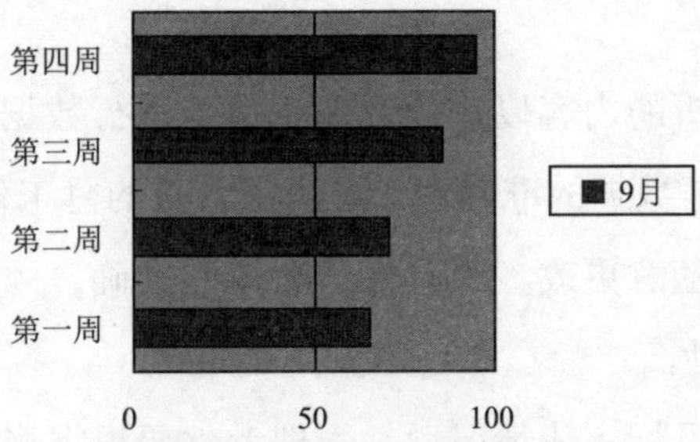

图13-1　9月员工每周业绩情况

图 13-1 只是一个最为简单的范例，针对每个行业团队的不同情况，团队可以制作相对应的每周业绩图表，例如，可以为所有员工的每周业绩情况做一个总体的统计图，也可以为每一个员工的每周业绩情况做一个具体的统计图。

制作员工每周业绩情况图是为了通过观察图上所展现的数据结果，对团队当月业绩完成情况进行分析，从而得到员工工作完成情况的反馈。若是图中数据显示为未达标，则说明员工当月的业绩完成情况不佳，需要调整好工作状态；若图中数据显示为达标或超额完成，则说明员工该月的工作状态良好，应该继续保持。

团队如果想要不断提升自身产品的销量，必然离不开数据分析。所谓数据分析，就是指用恰当的统计分析方法对收集的数据加以汇总、分析，以求让数据发挥出对团队发展应有的价值。因此，月工作量的数据分析也是月例会上的重要工作内容之一。

实际上，月工作量的数据分析与每周业绩情况图分析类似。月工作量的数据分析可以使用 Excel 电子表格中的数据透视表来完成。

只有数据统计、分析的工具远远不够，在做数据分析的时候，管理者必须明确分析的内容与目的，内容是员工的月工作量，目的则是通过最终的数据结果来观察员工每月工作量的完成情况，看是否有消极怠惰的问题出现。

在确定数据分析的内容以后，管理者需要进行数据的采集和处理，在这一过程中必须保证数据的准确性，即员工上报的月工作量必须真实有效，做数据处理时不能随意更改。只有保证数据的准确，才能保证最后分析的结果准确且有针对性。

分析了员工的目标完成情况后，管理者就要根据当月的业绩对员工进行奖惩，以激励员工下个月更努力地工作。每个团队都有着一套自己的奖惩制度，不能让奖惩制度名存实亡。对于优秀值得嘉奖的员工，团队就应该予以奖励，对于工作不佳甚至违反团队相关规章制度的员工，团队就应该予以相应的惩处。

只有严格兑现奖惩，团队的奖惩制度才有说服力。在月例会上，管理者根据实际工作情况，对员工予以适当的奖励或是惩处。一方面可以点燃员工的工作热情，激励员工继续努力工作；另一方面可以让员工反省自己的过失与不足，避免在下一阶段中发生同样的失误，争取得到奖励。

月例会的最后一项工作就是下月业绩考核修订。业绩考核也被称作“业绩考评”或是“考绩”。这是一种利用科学的定性定量的方法对团队员工的实际工作贡献进行的考核和评价。而对员工每月的业绩进行考核，就是以“月”为一个周期来考评员工的工作表现与工作成果的。

而所谓修订，是指修改订正，它是有标准可循的，而非无视实际情况，胡乱地、盲目地修改。因此，在修订业绩考核的过程中，必须保证修订完成的业绩考核制度在实际执行时能遵循以下五条原则。

1. 公平原则

公平是对员工进行业绩考核的前提。只有保证考核制度的公平性，才能真正发挥业绩考核对员工个人和团队整体的积极作用。

2. 严格原则

业绩考核制度不能流于形式，要有明确的考核标准和严格的流程执行规定。

3. 结合奖惩原则

在业绩考核制度中，应该结合奖惩，比如业绩与工资、奖金关联，以这种与物质利益相结合的方式来激励员工提升业绩。

4. 反馈原则

执行业绩考核制度，一定要把最终的考评结果反馈给被考评员工本人，肯定业绩成果的同时说明其存在的不足，形成与员工之间的一种双向交流，否则对员工进行业绩考核就失去了意义。

5. 差别原则

业绩考核的标准应有明确的差别界限，即对不同员工的不同工作业绩，要划定一个鲜明的层级范围。比如，针对不同的业绩成果，设定不同的工资额度，并标明具体的数字，让员工有标准可对照。

一个月的时间为员工的业绩考核提供了更多的数据，也为团队发现业绩考核制度的不足提供了机会，管理者可以根据这些数据对下月的业绩考核做出相应的修订。

13.1.6 年例会：整理思路、坚定信心

年例会可以说是一年中公司最重要的活动，年例会开好了，可以对一年的工作安排和沟通工作起到促进作用，反之就是浪费了一个提升组织建设、员工凝聚力的好机会。

开公司就像老板带着一群人去一个谁都没去过的地方。为了让这一群人坚定地跟自己走到最后，管理者要反复强调那个地方在哪里？那里有什么？打算怎么过去？越是在公司充满不确定性时，越要多讲这个话题，努力说服大家坚定地跟自己走。每次重复这个话题时，也是管理者自己整理思路、坚定信心的过程。

因此，年例会作为一年的终端和下一年的起点，管理者要既报喜，也报忧。报喜是为了帮助员工树立信心，告诉他们我们离目的地不远了；报忧是为了激发斗志，告诉他们我们要想到达目的地就必须继续努力。在这个过程中，管理者要建立大家在一条船上的责任意识，诚恳要求员工一起努力，为了来年更好的业绩。

其中报喜的一项必备环节是表彰先进。这个环节的意义是塑造企业文化，通过树立榜样人物，让员工知道什么样的价值观是公司倡导的。所以，仅仅发布名单是不够的，管理者还要让获奖员工致辞，说明这个奖背后的意义，这比管理者发言几小时要更有意义。

另外，管理者不要都安排公司领导颁奖，这样会让公司形成一种权力导向的文化，管理者可以让上一届获奖者或骨干员工，甚至优秀新人来颁

奖，也许他们没达到被表彰的程度，但被选为颁奖者对他们也是一种激励，这样可以一举多得，激励更多的人。

年例会是汇聚人心的时刻，平时大家各自忙工作，交流都在通信软件和邮件上，在这类虚拟场景中，每个人听到的都是公事和道理，看不到对方的表情，感受不到对方的情绪，使彼此之间的交流越来越程式化，越来越公事公办。这虽然提高了效率，但时间长了，员工的感情淡了，彼此之间的摩擦会越来越多，从而在团队中形成一种焦虑的氛围。

心理学中有个奇怪的现象：当人们不了解其他人的工作内容时，会认为别人都在偷懒，只有自己在忙碌。一旦自己的工作遇到的困难比较多，就容易产生抱怨。而年例会正是快速打破隔膜，消融冷漠的好时机，同事之间相互表达感激和支持，大家相互温暖，相互砥砺。这也是为什么很多公司在开年例会时会安排一些娱乐节目，让大家一起包饺子或排练节目增进感情。

年例会也是启动新业务的最佳时机，总结了上一年的得失，增进了同事感情，该是时候点将发兵了。这时，不仅要展示新一年的愿景，还要让员工看到这些愿景与他们个人理想的关联性。管理者要告诉员工达成目标后，公司会变成什么样，员工又会有什么改变，最好能说明实际收益，还要阐明员工会获得的发展的机会，让员工对下一年的工作充满信心。

13.2　会要怎么开，才最有效率

开会是管理者必须掌握的一项工作技能。有些管理者开会拖沓、废话连篇，导致员工们谈“会”色变。因此，管理者要学会高效开会，在最短的时间内得出结论，解决问题。

13.2.1 自上而下：说清楚重点

管理者一般是串联整个会议的核心。整个会议在管理者的引导下展开，最后的会议结果由管理者负责决策。这是一种自上而下的开会方式，它需要管理者熟悉开会技巧并能清晰地阐明重点内容，只有这样，会议才能快速得出结论。那么，管理者召集会议需要掌握哪些方法呢？

1. 会前明确期望

明确期望是阐明重点内容的第一个方法。开会的最终目的就是得出结论，解决问题，所以会议中的所有讨论都必须围绕核心话题展开。因此，管理者在开会之前就要把这个核心问题告诉员工，让他们有侧重地去表达和输出观点，避免会议跑题，延长开会时间。

2. 会中保持中立，善于营造氛围

会议氛围紧张是不利于员工充分思考积极发言的。管理者作为会议的主导者，要主动调节氛围，可以在会议开始时先讲几个小笑话，或者说一些生活中的问题，有效缓解员工的紧张感，让他们快速进入状态。

会议中的自由发言阶段，气氛可能会突然沉闷。管理者这时就要主动发言或者点名发言，以保证会议可以顺利推进下去。另外，管理者在点评员工发言时务必要收起自己的主观态度。因为管理者作为有权利的人，如果先表明了自己的倾向，会导致员工下意识地附和，让会议结果丧失客观性。所以，管理者切忌在会议过程中发表自己的观点，不管员工提出什么方案，管理者都要先客观记录，等到最后环节再发表自己的观点。

3. 会中信息可视化

管理者可能已经在会前下发了会议资料，但会中员工们讨论出的重点内容可能并不在资料范围内。这时，管理者就要充分发挥主观能动性，帮忙总结记录每个人的想法或结论，注意字迹工整，逻辑清晰，必要时可以借助表格、坐标或图形，以帮助员工明确会议的重点内容，并集中他们的注意力。

4. 会后总结

会议中可能会讨论很多内容，其中掺杂着重要的内容和不重要的内容，管理者作为会议的主导者要负责做会议总结，帮助员工把整个会议的精华内容理清楚，并再次重复强调会议结论，以加深员工的印象。除了这些总结式发言外，管理者还要具体分配每个人的任务，明确每个人的责任，把会议重点切实转化成每个人的工作内容，让员工在会议结束后直接就可以投入工作。

13.2.2　自下而上：把握住方向

还有一种开会方式是自下而上开会，这种方式一反管理者主导会议的常态，它由员工主导，需要员工主动提出方案，争相去说服管理者。这种方式的好处是可以充分激发员工的创造力和能动性，但开会时很容发生分歧，导致整个会议偏离方向，所以，需要管理者把握住会议的大方向，及时缓和矛盾，纠正偏差。

经济学有一个理论叫作“拍卖理论”，可以理解为管理者主持会议其实是一个对工作主导权进行拍卖的过程，对于员工来说，谁能提出更好的方案，谁就能得到主导权。而员工在这种会议氛围中会更乐于把自己的意见说出来，互相驳斥、彼此交锋，甚至形成“争论”的局面。

根据拍卖理论，当参与拍卖的人越多，人们在竞价时就会越激进，会投入更多的努力去表达出更多的信息，从而增加拍中的概率。为了获得工作的主导权，员工会充分调动自己的积极性，主动在开会前做足功课，用更加详尽的方案来说服其他人和管理者。

而每一个新方案都能拓展现有思路，让整个问题的解决方式更完善、更稳健，整个团队最终完成任务的可能性和质量，都能得到显著提升。

管理者的自上而下开会可能会滋生搭便车效应，即管理者承担了开会的主要责任，员工内部就可能会出现在会议中偷懒、毫无贡献的人。而自下而上开会则消除了这种顾虑，参与会议的人越多，员工需要付出的努力就越大，这样不仅能提高开会效率，还能提升会议效果，让员工主动承担工作责任。

13.2.3 精简开会时间

很多管理者开起会来没完没了，说完主要的事还要再聊点别的，结果发现会议中有一半的时间都讲了不重要的事。因此，管理者在开会时要注意管控好开会的时间进程，设定好开始和结束的时间，尽力压缩会议中用处不大的内容。

准时开始、准时结束不仅是在提升开会的效率，也是在尊重自己和他人的时间。除了开始和结束的时间要准时，管理者还要限制会议的每个议题的时间。一个议题如果讨论很久还没有得出结论，管理者就要立即推进下一个议题，以免让团队陷入“死胡同”。

为了严格控制会议时间，管理者还可以效仿其他企业在桌子上摆上闹钟，做到打铃即散会。还有些制造业企业，会把会议安排在车间或仓库，召开站立会议，以减少开会时间。这种站立会议不仅可以提高会议效率，还可以让员工集中注意力并在现场直接解决问题。

管理者在开晨会或日例会等内容较少的会议时也可以采用站立开会的方式，召集员工围成一圈只交代重点事项，这样可以比平时在会议室开会压缩至少一半的时间。

13.2.4 评估会议质量

会议的重要性不言而喻，那么管理者如何才能确定自己召开的是否是高质量会议呢？下面是评估会议质量的几个步骤。

1. 召开会议的必要性

曾经有调查显示，很多公司的会议是为了开会而开会，流于表面，没有一点实际用处。因此，评估会议质量的第一步就是评估这个会议有没有必要召开，它的召开对于团队产生了多少作用，如果不开是不是一定没办法解决当前的问题。

这一步非常重要，管理者在反思时会发现有很多问题其实可以不用开会的方式解决。这样管理者在下一次遇到同样的问题时就可以用更简单的方法解决问题，以达到减少开会频率的目的。

2. 会议是否达到了目的

一般情况下，管理者在开会前都会确认举行此次会议的目的与意义。所以，在评估会议质量时，管理者一定要复盘会议是否达到了目的以及是否解决了想要解决的问题。只有达到了目的、完成了目标，这个会议才能算是成功的。哪怕只有一项目标没有完成，这个会议也不能算是高质量的。

3. 主要议题是否都是必要议题

主要议题即会议上需要解决的问题。因为议题越多，会议的时间就会越长，所以管理者要保证会议的议题都是当下必须解决的问题。有些问题对现在的工作影响不大，管理者就需要把这项议题，从会议中删除。精简也是高质量会议的重要特征之一。

4. 会议是否在规定时间内完成

高质量会议不仅要求要得出结论，还要求管理者在规定时间内得出结论。如果管理者把会议延长了两个小时才得出结论，就证明会议过程一定存在问题，如员工迟到或早退、开会时接打电话、准备不充分等。管理者要进行反思，消除拖慢会议进度的因素。

5. 会议资料和设备是否都准备充分

充分的准备也是高质量会议的重要特征之一。如果会议资料或会议室设备存在问题，定然会拖慢会议进度，甚至会导致会议的推迟或中断。管理者在评估会议时，一定不要忘了分析这些客观因素，不然再完善的会议规划也开不出高质量的会议。

13.2.5 如何召开远程会议

随着科技的发展，人们的工作形式也发生了变化，有些人相隔千里也可以一起共事。远程工作为企业团队带来了各种挑战，其中，沟通就是远程工作面临的头号问题。

远程会议的召集难度比普通会议要高，因为人员复杂，召集一次可能会协调好几天，所以远程会议必须更有目的性和计划性。下面就来介绍召开远程会议的方法。

1. 固定会议时间

远程会议可能会涉及跨地区沟通甚至跨国沟通，所以很难临时召开。最好的办法是，管理者安排一个固定的时间召开会议，如每周一或每个月的第一天。这样安排会议，有助于不同地区的员工协调时间，合理规划日程安排，并形成持续沟通的习惯。

2. 设定会议规则

远程会议召开不易，为了保证团队能充分利用每一次会议，管理者必须要制定一套远程会议规则，从每个人的角度杜绝影响会议效率的因素，从最大程度上减少会议中可能出现的意外事件。

以下是远程会议的常见规则：

（1）开会地点没有噪声；

（2）别人发言时关闭自己的麦克风；

（3）尽量视频通话，以看到每个人的面部表情；

（4）提前熟悉会议内容，做好发言准备；

（5）不要轻易打断别人发言，可以先记录下自己的意见，等别人发言后再进行说明；

（6）开会时不要做其他事情；

（7）每个人发言时应控制好时间，从最紧要的事情开始说明。

3. 提前规划议程

为了避免远程会议成为一场无效且混乱的谈话，管理者必须要提前规划会议议程，并提前通过邮件或通信软件发给参会员工，让他们有 15~20 分钟的时间来弄清楚这次会议的目的。明确的讨论话题可以帮助员工提前为会议做准备，还能促进讨论的流畅程度，让每个人都能参与到讨论中。

4. 分配会议角色

远程会议不同于普通会议，管理者无法直接看到员工的面部表情，感受到他们的情绪，所以很难发现员工在开会时走神。

那么，如何让员工在开远程会议时保持专注呢？管理者可以为参会员工分配不同的会议角色，让他们负责开会时的管理工作，如讨论记录员、发言计时员等，这样既可以提高会议的参与度，又可以让员工在别人发言时有事可做，始终保持专注。

5. 会议记录

会议记录对远程会议尤其重要，它可以帮助参加远程会议的员工保持统一并同步信息。管理者可以把会议记录上传至公共邮箱或者工作群中，建立一个集中的信息枢纽，帮助员工快速了解项目任务，保证团队始终在既定的轨道上运行。

为了保证会议记录的客观性，管理者可以指定一名员工记录讨论重点，指定另一名员工在会议结束时检查分配的任务，以保证会议记录的完整性和客观性。

6. 会后跟进

因为人员的分散性，管理者在远程会议结束后务必要跟进关键要点，确保参会员工都理解了会议内容，例如，在会议结束后通过邮件重复一遍会议决策，有助于员工明确信息。另外，管理者还需要询问员工的参会体验以及是否有意见要反馈，以帮助改进会议，让未来的远程会议更高效。

13.3 协调会议，团队分歧早解决

团队成员在工作的过程中，不免出现分歧。这时就需要一个协调会议，帮助团队员工解决分歧问题，顺利完成工作。

13.3.1 协调撞单尴尬

在工作中，可能员工之间会出现撞客户的情况，通俗来说就是撞单。撞单是指第一人联系了客户却没有做好相应的跟进工作，使得服务上出现缺失，该客户寻求与其他服务人员接洽，最终造成二人同时服务一个客户的情况。

在接待客户时，要尽量规避撞单，例如，汽车销售员在接待客户时，应首先询问客户原来是否有来过店里看车，是否受到相应的人员接待，若回答均为肯定，则应通知原接待人员，由他继续提供服务。

但是对于已发生的撞客户情况，又该怎么处理呢？针对这种情况，团队管理者就需要召开相应的协调会议，解决员工之间撞客户的这一问题，避免因为员工之间不愉快造成团队内部不和谐的现象。

通过召开协调会议，团队管理者应该制定出一个专门的撞客户判定标

准和问题发生时的协调技巧，让员工有标准可循，有方法可应对。以下是三种撞客户的协调技巧。

（1）在正式成单前，若是 A、B 两名员工发现彼此都接待了同一名客户，而该名客户认可其中一人（前提是两人没有发生恶意抢单的行为），那么就由该名员工继续跟进这名客户，给另一名员工补接其他客户。

（2）在正式成单前，A、B 两名员工都按照正常接待顺序接待了客户，但是 A 员工跟进该名客户的时间更长、付出更多，则由 A 员工继续跟进该名客户。

（3）如果一名老客户给 A 员工带来一名新客户，但是发现该新客户是 B 员工负责的客户，那么 A 员工应放弃对该新客户的追踪，由 B 员工继续追踪。

员工在接待客户时要对撞客户的判定标准有清楚的认知，在撞单行为发生后，一定要保留相关的、真实有效的接单证据，例如，通话清单、客户资料档案等。如此才能让负责人根据撞单的评判标准做出评判，达成团队员工之间的友好协商，而非产生矛盾。

13.3.2　协调分配比例

有些时候，团队员工之间会互相合作，共同负责一名客户，也有些时候，因为发生了撞单现象，两名员工在一段时间内同时接待一名客户。这两种情况都涉及合作开单的业绩如何分配的问题。

而为了应对这一问题，团队应该量身打造一套合作开单的业绩分配技巧，否则，业绩的分配将会混乱，不公平问题也会丛生，不利于团队整体力量的凝聚。

以下是四种合作开单业绩分配技巧。

（1）如果客户第二次来访时，不记得原接待人员，由另外一名人员接待并且成功开单，而这一过程都是按照正常的规定进行的，则可以设定两名接待人员的业绩分配为三七分，即原接待人员为 30%，代接人员为 70%。

（2）如果是共同到来的一群人，比如一家亲戚，若是有两名员工分别同时接待、合作开单，则其业绩分配可以设定为五五分，即两名员工均为 50%。

（3）如果老客户携带一名新客户来找原接待人员，但原接待人员不在，此时由负责人安排另一名员工接待，并且在当天就立即成单，则两名员工的业绩可设定为三七分，原接待人员为 30%，代接人员为 70%。

（4）如果出现原接待人员就要成单时，却突发临时事件而找另外一名员工帮忙的情况，则帮忙人员不算该单业绩，该单业绩仍属于原接待员工。

总之，对员工成单的业绩以一个具体的分配原则来进行判定，合理分配团队内员工的业绩，有利于减少因业绩分配不公平而引发的团队员工间的争执和冲突。而且团队最好把统计的具体业绩数据展示给员工，使团队内部形成良性竞争。

13.3.3　协调客户次序

客户是团队的业绩来源，没有客户，团队也就无法继续生存。但是客户类型各样，如何才能把握好客户，抓住那些对团队有利的客户，就要看团队员工是否拥有协调好客户轻重顺序的技巧。

而关于协调客户的轻重顺序，就涉及给客户分级的问题。要想掌握协调客户轻重顺序的技巧，首先应该对客户进行分级，科学划分团队的客户群。

给客户分级是因为不同客户能带来的价值不同，即不同客户能为团队创造不同的收益。比如，国外曾有一份关于食品消费的统计数据：在蛋糕方面，16% 的家庭消费了蛋糕总量的 62%；在速溶咖啡方面，17% 的家庭消费了速溶咖啡总量的 79%；而在啤酒方面，23% 的成年男性消费了啤酒总量的 81%。

由此可见，如果将蛋糕、速溶咖啡、啤酒看成一个产品总量，大概有20% 的顾客消费了产品总量的 80%，其余 80% 的顾客只消费了产品总量的20%，这就是著名的帕累托定律，也称为“二八法则”。

对于团队来说，帕累托定律同样适用。团队有 80% 的收益来自 20% 对团队具有高度价值意义的客户，而这 20% 的客户也就成为重量级客户，是团队应该放在首位并重点跟进的对象。剩下的那 80% 的客户与之比较，也就成为轻量级客户。

这一定律对客户的分级起着尤为重要的作用。下面就来看一看该如何运用这一定律来协调客户的轻重顺序。

按照未来成交达成的时间，我们可以将客户自上而下，依次分成 A、B、C、D 四个等级。

A 级客户：有机会在 3 个月之内成交。

B 级客户：有机会在 4 ~ 6 个月之内成交。

C 级客户：有机会在 7~ 12 个月之内成交。

D 级客户：无法在 12 个月之内成交。

依据这一客户等级的划分，我们可以判断出哪些是重要客户，哪些是非重要客户，由此在对客户的跟进上做出相应的顺序协调，将重要客户放在跟进首位，非重要客户放在其次。

但是就算是非重要客户，也不能完全放弃跟进，因为他们可能是团队未来的潜在客户。对客户进行分级，协调客户的轻重顺序，是为了让团队能够最大化利益。

13.3.4　协调人员更换

通常，员工一旦负责了一名客户，就需要对该名客户做长期跟进，如果跟进业务忽然中断，事情的处理就会变得复杂起来。

然而，跟进业务中断的情况还是存在的。跟进人员可能会因为一些原因不能继续做该名客户的跟进工作。而为了保证跟进的中断不会对客户产生影响，原跟进人员就需要协调其他人来继续跟进，并做好跟进任务的交接工作。

那么，在换人跟进这一过程中，又如何才能做好任务的交接呢？客户能否适应跟进人员的更换呢？其他人又是否愿意代为跟进呢？这些都是值得考虑的问题。

要协调其他人来代替自己做跟进的时候，一定要注意两方面：一是客户；二是被委托交接的人员。

就客户方面来说，因为一直由同一人跟进，客户可能已经适应了这名跟进人员的跟进方式，所以如果由于某些特殊原因跟进业务需要临时换人，一定要及时告知客户，向其传达业务跟进人员更换的原因，以及更换人员的姓名等相关信息，让客户了解清楚，而不至于处于一无所知的尴尬境地，甚至可能会引起客户的不满甚至拒绝合作，从而导致团队客户的丢失。

就被委托交接的人员来说，因为他可能也有自己正在跟进的业务，所以在找寻人员交接时，一定要说明自己不能继续跟进的原因，以及要问清楚被委托人员是否有充裕的时间同时跟进多个业务，否则可能会给被委托人员造成不必要的麻烦。

如果被委托者愿意代为跟进，则一定要告知他自己当前跟进业务的客户情况，比如姓名、联系方式，目前业务的跟进情况以及未来的跟进计划和所要达成的目标等。将跟进业务交接好，也可以避免团队丢失客户，损失利益，也能够促进员工之间形成相互帮助的氛围，有利于整个团队增强凝聚力。

第 14 章
数据分析：新时代管理者要拼数据

大数据时代的到来，对管理者来说是机遇也是挑战。数据时代的管理者所面对的，是让数据产生价值的新挑战。为此，管理者必须懂得数据及其价值，还有数据分析。

14.1 关于数据，管理者要清楚两大问题

数据时代的信息极为庞杂，要了解数据，管理者首先要清楚数据的来源和其相关术语。

14.1.1 有效的数据从哪里来

销售团队数据泛指所有与团队销售相关的信息、资料，包括团队销售概况、产品信息、销售数据、销售成果等。

销售团队数据对于团队本身或者外在获取者都有很重要的作用，拥有销售数据的团队可以借助数据获得销售商机，宣传推广产品，增加潜在的推销机会。除此之外，通过不同渠道获得的数据可以提高销售团队自身的洞悉能力，找到员工所需的潜在客户，加强与客户的交流与合作，还能洞悉销售行业的动向，为自己开拓销售渠道。

优秀的销售团队都是靠数据说话，它的数据也必然是全面和精细的。销售团队所需要的团队数据主要从以下六个渠道获得。

1. 自己的数据库

每个团队都有自己的数据库，从产品生产到销售，从客户目标分析到客户资料收集等。优秀的团队都有属于自己的数据。

2. 市场上公开的信息

比如，国家统计局的数据、各个公司自己发布的年报、其他市场调查机构的研究报告或者整理的零散信息。

3. 购买的数据库

市场上有很多可以购买的销售数据库，大多数是以公司的名义购买的，除了咨询公司以外，还有很多高等院校及研究机构也会购买数据。

4. 咨询行业专家

有很多行业专家会专门收集和销售数据，我们也可以从他们手里购买。

5. 发问卷

有时候为了单独的项目我们会通过发放问卷的形式来收集数据，但是这种方式不适合数据需求量太大的项目，因为制作和收集问卷的工作量太大，耗费人力物力，就算是电子问卷，也无法保证问卷交付的质量。

6. 客户

客户也是数据的一大来源，客户数据是最能体现市场化的数据。比如，人力咨询公司对于各种行业所分析的工作数据、四大会计师事务所手中持有的数据库等，而这些有效数据需要耗费多年的时间进行积累并且专业性极强，很大一部分是人力部通过客户调查进行统计而收集来的数据。

14.1.2　哪些数据术语是管理者必须掌握的

在当今竞争激烈的市场经济中，企业数据分析有利于我们了解销售团队自身的经营状况和财务现状，但是却不能让我们了解其他同类销售团队是如何运行的，同样我们并不了解自身团队在同行中的知名度如何，也没办法通过比较了解这一行业的发展前景是否良好以及企业目前处于生命周期的哪个位置。

行业数据分析是指对行业经济的各种运行状况、政策、竞争力、产品的生产与销售等要素进行重要分析。行业数据分析有利于我们了解行业的发展规律，把握行业的发展趋势。

波峰和波谷通常被运用于股市，但在销售行业数据分析中，也可以被当作是一种重要指标。销售行业的波峰是指销售数据在传递方向上的极大值，而波谷就是与之相对的极小值，也就是说，销售数据的高峰期是波峰，低潮期是波谷，二者之间还有一个平均值。通常人们不会单独依靠某一指标开始分析，同样，销售行业的波峰和波谷也是要和其他指标配合使用的。通过对行业数据的波峰、波谷以及平均值的分析，销售团队可以推测出未来一段时间销售的主要趋势。行业数据是销售团队判定其销售价值的重要因素之一，我们可以通过行业数据分析来了解销售团队在行业中处于什么样的地位，以及会有什么样的发展机遇。同时也可以通过行业数据分析其他行业，以此来确定销售对象。我们可以通过行业数据分析出同行销售量最好的团队，并对其进行数据分析，判断其销售特点，帮助我们自己的团队提高销售能力。

14.2 数据时代，管理者必须懂数据分析

数据分析能够将数据转化为具体的、有价值的信息。掌握数据分析的方法能帮助管理者更有效地进行决策。

14.2.1 对比分析：最优员工 VS 最差员工

对比分析是数据分析的一种方式，可以分为纵向对比和横向对比。在企业中，纵向对比是指将不同时期的指标数据在同一总体条件下进行比较，比如，与去年同期或是与上个季度的销售业绩对比；而横向对比则是指将不同的总体指标在同一段时间内进行比较，比如不同部门、不同员工之间的销售业绩对比。本小节将以企业中的横向对比为主进行论述。

就销售行业来说，企业对员工的销售业绩做横向对比分析，通俗来讲就是“看第一名与最后一名之间的业绩差距是多少”。要知道，产品的销售量对于销售型企业来说是极为重要的。图 14–1 为某企业销售员工 2015 年产品销售量的横向对比示意图。

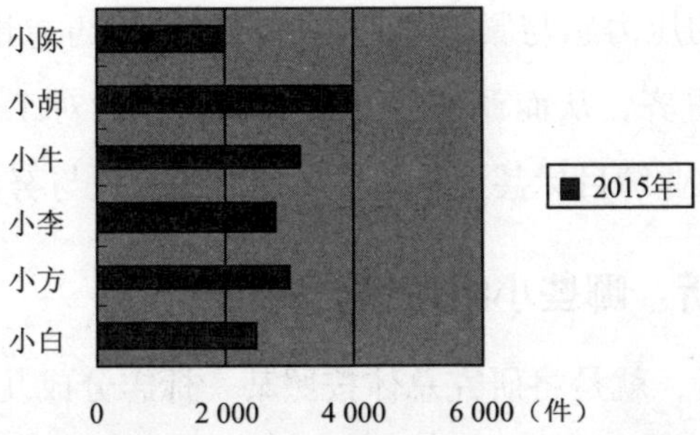

图14-1　某公司销售员工2015年产品销售量的横向对比示意图

从这一条形图中，我们可以很明显地看到在企业中，员工小胡在 2015 年的产品销售量最高，员工小陈的销售量最低。那么，依照销售量进行排名的话，小胡自然是第一名，而小陈为最后一名，第一名与最后一名的产品销售量相差 2 000 件。这是我们从该条形图的数据对比中得出的结论。

既然该条形图的销售量对比结果已经非常明确地表现出了第一名与最后一名的差距，那我们就可以针对这一结果做进一步的分析，比如为什么小胡可以达到如此高的产品销售量，他是怎么做的？而为什么小陈的产品销售量却不尽如人意，这当中存在着哪些需要注意的销售问题？又或是如何向第一名学习来提升自己的销售技巧，进而增加产品的销售量？

而解决这些需要进行研究分析的问题，正是对比分析的最终目的。为什么要做对比分析，分析第一名与最后一名的差距？难道只是单纯做个统计，写个记录吗？我们从以上的论述中就能知道答案当然是否定的。

对员工的业绩进行对比分析，实际上就是通过对比不同员工之间业绩差异，来激发员工的工作上进心，激励他们在以后的销售工作中取得更高的业绩，在企业中形成一种良性的竞争氛围，为企业的盈利做贡献。

通过对比找到差距。只有把员工实际完成的工作业绩转换成具体、精准的数据，并且相互之间进行对比，才能让员工受到最为有效的刺激，即让员工产生一定的压力感与紧迫感，告诉自己不能再怠惰下去，要向优秀员工的销售业绩看齐，从而调整好自己的情绪，找对工作的方法与技巧，为达成下一阶段的业绩目标甚至是超过目标做出改进与努力。

14.2.2　小组分析：哪些小组应该合并掉

所谓分组分析，就是将研究总体按照某一标志分成几个不同性质的组，然后在分组的基础上对当前存在的问题做进一步的分析，以便最终可以正确地解决问题。

在分组过程中，必须注意的一点是，要保证组与组之间的差距尽可能大，而组内部的差距尽可能小。之所以要这么做，是为了让组与组之间能更容易、更直观地反映出问题，让分组分析这一方式发挥出其应有的作用，否则的话，分组分析就失去了意义。

有一家企业的销售经理 A 总是抱怨销售任务很重，压力太大，没有时间休息。但是他们小组这个季度的销售任务只完成了一半，同时他的团队已经有人要辞职了。

在对其销售小组进行多次培训与督导后，仍然不见起色。总经理决定将此小组合并到其他小组中。

因为如果销售团队无法产生业绩对企业及销售成员都是一个打击，将其合并到其他小组中，至少可以使原销售小组成员快速找到问题所在。

团队要运用分组分析的方法，见图 14–2。一般来说，团队中都会有多个小组，比如项目小组、功能小组、固定工作小组等。团队需要根据某一标志，比如“是否达到企业所要求完成的业绩目标”之类，收集每个小组在同一时期内所完成的业绩数据，进行计算统计，将那些没有达到要求的团队分成一组，而已达到要求的团队为另一组。

然后，再仔细研究和分析组内各个团队的实际情况。对于那些已经接近衰退或已经有衰退症状出现的团队，企业在经过大量的数据分析和研究后，如果认为通过某几个团队互通联结的方式能取得更高的利益，那么企业就会将这些团队合并掉，以解决人员冗余和工作效率不高的问题。

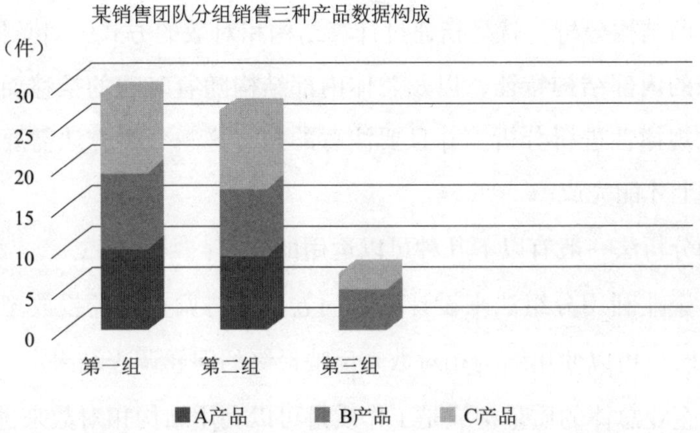

图14−2　某销售团队用分组分析法做出的数据图

在这种情况下，选择合并的方式是出于对企业整体利益的考虑。合并并非单纯地将两个团队或多个团队组合到一起，而是有选择性地将两个或多个团队中的优秀员工综合到一起，集合优质资源，形成一个更为有效的大团队，以提高工作效率，实现企业利益的最大化。

14.2.3　结构分析：精准判断业务模式

所谓业务模式，简单来说，就是指开展业务的方案。在企业的业务架构中，一般有四个基本的业务模式，分别为流程反馈模式、业务事件模式、流程评估模式、活动交互模式。

要想建立起一个成功的业务模式，有五大要素需要我们注意：①开展的业务要能够保持一定的稳定性与动态性；②开展的业务要针对企业当下的策略与发展目标；③开展的业务要与同类竞争对手区别开来；④开展的业务要与企业自身的资源与能力相契合；⑤开展的业务要适应时下的社会经济环境。

要知道，一个好的业务模式，可以让产品的销售达到事半功倍的效果。

而所谓结构分析，就是指通过计算结构相对数的方式，对总体的性质、总体现象的内部结构特征，以及总体内部结构随着时间的推移而逐渐体现出的变化规律性进行分析。并且要注意的是，这一分析方法需要在统计分组的基础上才能完成。

结构分析法一般有以下几种可以运用的方面：

（1）企业利用分组法来设计调查问卷，并将调查问卷投放至市场进行市场调查时，可以使用结构相对数来反映最终的问卷调查结果；

（2）企业总体的质量抑或是工作质量可以利用结构相对数来进行分析；

（3）要分析现象的性质以及所属的类别时，可以根据现象总体的内部结构来分析总体的特征；

（4）要想研究现象之间的平衡关系时，可以选择将同一总体中有相互联系的几种结构放在一起进行观察、分析；

（5）要想分析不同社会经济现象之间在数量上的依存关系时，可以选择将已进行分组的资料信息和另外的指标结合起来观察；

（6）要想通过找出影响失误现状的因素的方式来给出解决办法，可以在统计分组的基础上，对各组结构相对数进行比较；

（7）要想找出现象总体由量变到质变的转变规律，可以对不同时间内的同一个现象总体的内部结构进行对比分析。

在企业中，我们其实就可以运用结构分析法来分析企业的业务模式。之所以要对企业的业务模式进行结构分析，是因为结构分析法可以让我们知道同类现象之间所存在的本质性差距，可以了解现象的发展规律和趋势，进行数量上的推算，了解现象之间的依存关系。而这和建立起一个成功的业务模式所需注意的因素是相契合的。我们可以用结构分析法来分析企业现有业务模式中所存在的问题，为打造一个成功的业务模式找出一个可行的办法。

14.2.4　瀑布图分析：打造流线型的结果

麦肯锡顾问公司曾经创造了一种图，用来表现数个特定数值之间的数量变化关系，由于形似瀑布流水从而命名为瀑布图。虽然这是一种有些过时的分析数据的方法，但却是最经典的数据分析法之一，能更直观地展现我们想要看到的数据对比。

当我们想要分析销售数据变化过程时，为了明显地表现一个数据到另一个数据的数量变化过程，可以采用瀑布图来表示，瀑布图的效果能够更直观反映出数据的多少以及数据的增减变化过程。瀑布图可以更直观地展现流线型销售的结果。

瀑布图可以用来展现每个季度销售情况之间的差距，还能更直观地展现公司每一年的盈亏状况。我们可以用瀑布图来做销售数量增减对公司影响的分析，能够更直观地展现业绩。

瀑布图上的数据每一个都是相互关联，一环扣一环的。当某一个环节由于不可控因素出现问题时，我们可以追溯到上一个数据，来查看缺失的某些数据，但同时我们又不得不先放下下一个数据。

以流线型的形式来呈现销售数据，不仅仅是为了讨论问题，还是一种美观的体现，也是促进销售的重要手段，见图 14–3。

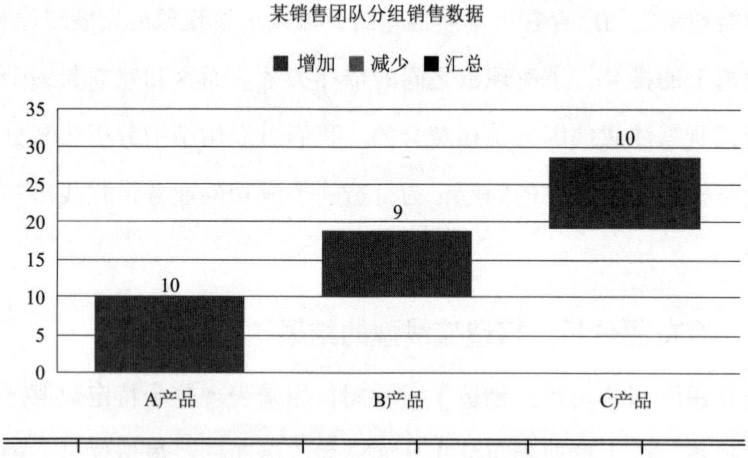

图14-3　某销售团队用瀑布图显示的数据分析

14.3　如何让数据分析指导决策

许多管理者对于数据分析工具的认识，仅仅停留在对历史数据的归纳与重组方面。他们虽利用了数据分析工具使数据可视化，但并没有使数据分析工具在决策过程中充分发挥作用。

14.3.1　利用数据分析的过程去优化管理决策

数据分析和决策有着密切的关系，数据分析要在决策过程中开展，前者能指导、优化后者，后者则为前者提供分析场景。决策可以分为三个层面，从高到低依次是战略决策、战术决策和经营决策。这三个决策层面的频度和影响相差悬殊。其中，战略层面的影响是最高的，但其频度对应会更长，通常在 5 年、10 年甚至是更长的周期内，团队才会作出战略层面的改变。而战术决策次之。至于经营层面的决策常依据团队实际经营过程中会实施、遇到和面对的具体问题来制定。

而数据分析是将历史数据整理、提炼、总结最后产生新信息的一个过程。团队在进行数据分析时，要使其贴合团队目标，为团队目标服务，利用分析得到的信息优化管理决策。在实际管理团队时，团队和管理者所面临的往往是经营层面的决策，此类决策需要大量借助各种报表，此时，就需要 BI 去做可视化，需要运营部门去开展数据分析。依靠这些数据，管理者能有效提高其所制定管理决策的质量。

14.3.2　如何推动数据的利用效率

管理者想在数据分析时代利用数据分析来制定决策、管理团队，单纯地分析数据是行之无效的，最关键的是要提升数据的利用效率。但在使用数据时，常常会存在部分数据无法量化、无法展现的情况。以下四种方法能为团队和管理者提供解决思路：

（1）数据整合：即基于报表系统，将各个系统数据整合至同一数据平台，再通过这个平台，将整理好的数据展示到团队的业务部门或者运营部门。

（2）建立仪表盘：即借助仪表盘，展示关键指标和关键绩效。

（3）分级报表：即借助数据平台来建立分级授权体系。

（4）流程电子化：即对流程进行不断地跟踪与优化，同时由系统提供优化分析的方向。

借助这四种数据利用的方法，团队能够在使用数据的过程中及时发现问题，并快速纠正与优化，有效解决了部分数据无法量化和展现的问题。

想提高数据的利用效率，最好的方法就是将其运用到团队的实际管理中，那么，管理者应如何做呢？以某医药团队为例。作为供应链的中间环节，该医药团队不但发挥物流配送职能，同时还承担着重要的资金周转职能，故而使该团队做到利润最大化的核心要点是提升毛利水平与优化费用成本结构。该医药团队在整理好客户、品种和供应商的数据后，运用全成本核算的方法，对客户、品种和供应商的净利润水平进行精确测算，同时分析了其影响因素，深挖利润增长点，将这些数据公布给团队上下全体成员，并应用到营销决策的参考上，最终实现了利润增长的目标。

复盘该医药团队此次决策成功的原因，可以看到，该团队利用数据指导决策，开展了三个层面的分析。这三个层面分别是客户与业态层面、供应商层面和品种层面。它基于团队上下对数据理解一致的情况下，利用这样的架构来指引决策，因此可以大获成功。

第 15 章
建立复盘系统：做好总结，扬长避短

复盘本为围棋术语，指围棋对局结束后，复演对局的记录，以检查对局中优胜与失败的关键点和对局双方的优劣势。后来，复盘行为也体现在了团队管理过程中，管理中的复盘是指从以往的工作中总结经验和教训，以便对团队日后的工作进行更加科学的指导。

15.1 准备阶段：尊重事实，全局准备

复盘工作对于没有成功经验可以借鉴的团队格外重要，但真正的复盘绝非一个简单的团队会议就能完成的，必须讲求科学方法。管理者应基于客观的事实，从全局出发，做到主动准备、有效引导，并确保各环节推进到位，使复盘能集中集体智慧，帮助团队发展。

15.1.1 策划复盘方案

复盘方案指导着复盘过程，要使复盘效果出众，团队在准备阶段必须认真对待。团队可根据自身情况，选择团队所经历的某一事件、活动或项目，或者是一段时间内团队或某部门的经营情况、工作情况以及经营战略进行复盘。依据复盘主题与范围的不同，设计具体操作形式，例如，复盘多长时间，复盘议程，确定复盘会议所需人员，明确复盘的目的及预期成果。

（1）项目复盘

当工作进行到一个有意义的阶段后，例如，完成了重要工程的筹建，在市场并购战役中取得胜利等，团队就可以就此总结经验，以便他人和自己日后做参考。项目回顾有 12 条“秘诀”，见图 15−1。

项目回顾的12条“秘诀”：

① 召集会议
② 邀请合适的人
③ 任命联络人
④ 重温项目的目标和结果
⑤ 重温项目的计划或过程
⑥ 询问：什么做得很成功
⑦ 分析成功原因
⑧ 询问：哪些可以做得更好
⑨ 找出困难和改进建议
⑩ 确保没有遗漏
⑪ 询问：接下来做什么
⑫ 整理并分发会议记录

图15−1 项目回顾的12条“秘诀”

（2）事件活动复盘

事件活动复盘是指每完成一件事或活动，团队在工作与生活中，就迅速召集有关人员，快速地对其进行回顾、总结。但值得耗费时间进行专门的复盘的事件，要符合以下四种情况。

①新的事：通过复盘这类型的事件，团队能总结经验教训，为下次做准备。

②重要的事：这类型的事件协调部门杂，所需资源多，结果影响大，值得复盘。

③达预期的事：复盘这类型的事件能够得知员工或团队需要提升和改进的地方。

④有学习价值的事：当团队有人员变动时，通过复盘这类型的事件，能够让员工快速进入工作状态。

（3）战略复盘

战略复盘无固定周期和足够明确的会议或引导流程，相对于上述两类复盘，它属于最“难”做的一种。但毋庸置疑的是，战略复盘对团队的发展有重大的意义。

那么如何进行战略复盘呢？团队可以参照以下四点。

①“一把手”亲自主导。“一把手”的主要职责就是“定战略”，为此战略复盘也该由“一把手”亲自主导和推动。

②季度、年度战略回顾会。每到季度末或年底，团队高管聚在一起，按照复盘逻辑，依照季度初或年初制定的战略和目标，对团队实际执行情况进行回顾，并对过程中发现的重要问题进行研讨，分析其对团队战略与目标的影响。

③靠复盘推动“快速迭代”。选准切入点，然后迅速行动，再快速进行复盘，即“试错”—迅速调整—快速复盘，是团队适应当今时代市场竞争

挑战的重要方法。

④小企业同样需要复盘。小企业虽然不必有正式的会议安排，但小企业的“一把手”一定要及时、充分坦诚地同核心团队及骨干探讨公司近期的目标、现状、内外变化和困难等。

确定好复盘的目标后，团队就可以着手组织复盘会议了。

实践表明，面对面的团队复盘会议的效果是最佳的。团队在组织复盘会议时，需要遵循“越快越好”的原则，明确职责分工。

为了保证复盘的顺利进行，有三种职能必须有人来承担。

• 引导人

引导人的职能是引导，保证复盘会议按正确的流程进行。引导人的权威体现在复盘程序上而不体现在观点上，不能对其他参与者的观点或结论加以评判。

• 设问人

设问人的职能是设问，复盘会议需要通过引导人不停地追问来引发思考，进而得出结论。引导人要做到问问题，而不是给解释，要从信息层面、思维层面、假设层面不停地追问，要用疑问而不是反问，还要做到用问题来引导逻辑。

• 叙述人

叙述人的职能是叙述，在复盘会议中叙述人要对事情的发展过程进行情境重现，回答其他参与者提出的问题，并在答疑过程中去除迷思，接近规律。

提前与参与者确认好会议时间，既要迅速沟通，又要确保关键人员准时到场——若关键人员缺席，复盘会议的效果会大打折扣。同时，团队要根据“越近越好”“便于学习”的原则来确定复盘会议的地点，最后，依据复盘目的，设计会议议程与其研讨形式。以下复盘模板可供团队在准备阶段参考，见表 15–1。

表15–1　复盘的模板

1. 回顾目标（用数据说明目标）	2. 评估结果（用数据评价结果）
最初的目的是什么（期望的结果）	做得好 Highlights（与原来目标比）
要达成的目标或里程碑	做得差 Lowlights（与原来目标比）
3. 分析原因（用数据分析原因）	4. 总结规律（从规律得出数据）
成功的根本原因	经验 & 规律（不要轻易下结论）
失败的根本原因	行动计划
	开始去做
	不能再做
	需要保持

15.1.2　资料汇总与发放

接下来就是提前准备会议所需的复盘资料。

此时指定人员需明确复盘会议所需的资料，通常是与事件、项目或团队战略有关的文件，比如计划方案、工作总结报告等参考资料。将这些资料准备好后，指定人员应根据需要，将资料提前发给参与者或打印出来，放在复盘会议现场。

若会议现场引导者是外部人员或与项目关联性小的人员，则需要事先了解其背景信息。同时，若需要，应通知参与者、有关部门提前进行个人、部门的复盘。此外，相关人员还需要进行行政、后勤方面的准备。可参看万达集团的资料汇总流程，见图 15–2。

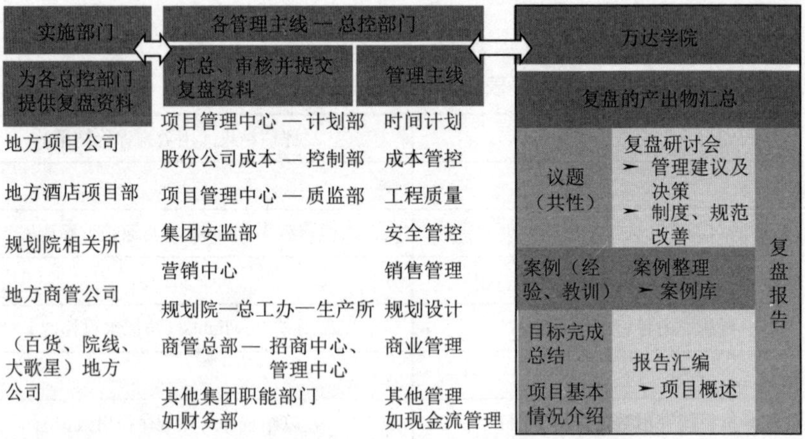

图15-2　万达集团的资料汇总流程

15.2　实施阶段：规范流程，确保落地

复盘的主要形式是团队研讨，它应基于客观事实与明确的目的，因此会议需要精心筹划。筹划完成后，就到了有效引导阶段，这个阶段决定了复盘会议的质量。它是复盘的核心过程，对复盘的效果有直接影响。但复盘的核心不在于会议，它的宗旨是学习和改进，团队必须推动复盘“落地”，把复盘的结果切实付诸行动，这样才能促进后续行动的改进、创新和团队绩效的提升。

15.2.1　实施复盘的规范流程

复盘的开场前需要注意，因为各参与者对复盘程序与规则的了解度不一致，在开场时，主持人需要重申会议的目的、程序与规则，提醒参与者确认相关注意事项。

为使参与者了解的信息一致，引导人应简要介绍复盘会议的主题及事件、项目的背景、分工、进度等信息，便于参与者进行后续讨论。

此外，为使会议效果更佳，相关人员可组织“预热”活动，比如介绍不太熟悉的参与者，增强会议的对话氛围，获得参与者的认可与承诺。

不同类型的复盘程序虽不同，但其内在的逻辑具有一致性，因此复盘时，要按之前所设计的议程顺序来引导团队研讨过程。不论时间长短，团队在复盘时都需要完整地按复盘的四个步骤进行会议，见图 15–3。

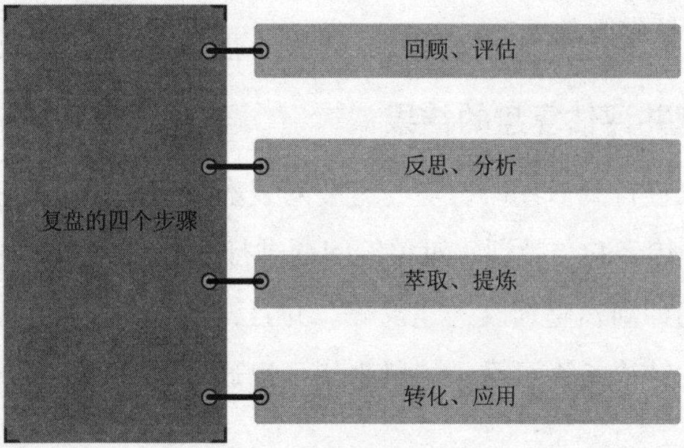

图15–3　复盘的四个步骤

在引导团队交流的过程中，可以将各个步骤需回答的关键问题作为提问参考，并根据交流的目的与对象，灵活选择适用的道具与方法，增强会议的趣味性与效率，如说话棒、头脑风暴法或者团队列名法、思考的罗盘、五个为什么等。

但团队须知，顺序研讨不等同于平铺直叙，无论在哪个步骤，对于一些有价值的关键问题都应该进行深入研讨。对于一些大型事件或项目，研讨时不可能面面俱到，更需要参与者们在复盘时抓住关键，深入讨论。

在复盘时，参与者还应注重心态问题，要在复盘全程中保持开放、坦诚表达、实事求是、集思广益、反思自我的心态。

当复盘会议进入尾声时，如中国人写文章讲究“虎头豹尾”一般，有效的复盘会议同样离不开好的收尾。参与者要遵守复盘的设定程序，进行总结经验教训、制订后续行动计划的步骤。

复盘会议结束之前，引导人要对会议进行简明扼要的总结，鼓励参与者说出心声，对参与者的投入表示感谢，并明确团队后续的跟进措施。

复盘的宗旨是学习和改进，因此复盘的重点不在于会议。团队必须推动复盘“落地”，把复盘的结果切实付诸行动，这样才能促进后续行动的改进、创新和团队绩效的提升。

15.2.2　整理并评估复盘的结果

复盘会议进行到后期时，参与者要对复盘研讨成果进行整理，内容包括但不限于提炼经验与教训、对关键问题进行分析、对会议内容深入反思、制订后续行动计划及整理改进建议等。并且，参与者还需在复盘的当时判断复盘得出的结论是否可靠，一般来说可以通过以下四条原则来评判，见图 15-4。

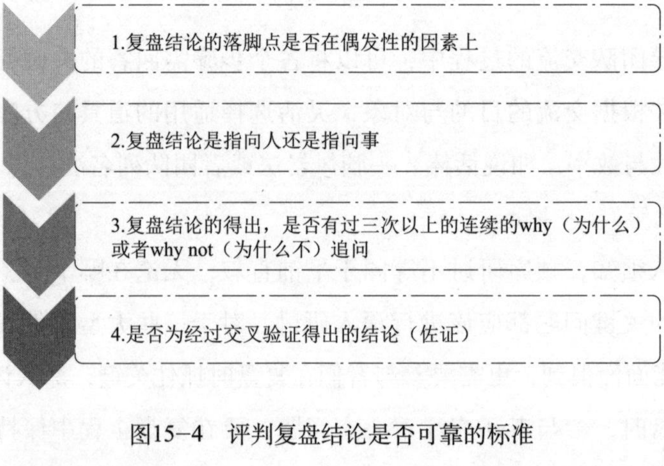

图15-4　评判复盘结论是否可靠的标准

确认结论可靠并进行系统整理后，相关人员可将复盘成果发送给众参与者，参与者对成果认可之后，再将复盘成果发送给团队成员。

团队若通过复盘总结出了有价值的经验与教训，可以将其以微课或微内容进行分享；若团队内部有知识管理系统，在征得团队许可后，可将资料全部或部分地添加到知识管理系统中。团队最好建立内部的复盘资料存档系统，以便日后查阅及重复使用。

对于复盘会议中已确定的改进事项及行动计划，团队要联系相关负责人并定期跟进计划的实施情况。若在执行过程中遇到问题和难点，团队内部要及时协调、推动解决，要根据实施情况提供相关的资源。

复盘活动开展一段时间后，团队便可以对复盘效果进行评估，同时依据实际情况，对后续改善措施进行讨论。后续改善措施并非指复盘时确定的行动改进计划，而是指经过此次复盘及推动复盘“落地”后，团队还需采取的改进措施，例如，明确下一步复盘、创新，明确团队发展的方向等。

以上过程是引导团队复盘的总体思路，仅供参考。在实际进行团队复盘时，每个步骤都存在着许多具体问题，为此，团队需要掌握更多的复盘引导技巧，为复盘创造相应的条件，达到复盘效果最大化。

附 录

附录 1

员工工作目标计划表

<table>
<tr><td>姓名</td><td></td><td colspan="2">工号</td><td></td><td>入职时间</td><td></td></tr>
<tr><td>所属部门</td><td></td><td colspan="2">职务</td><td></td><td>培训时间</td><td></td></tr>
<tr><td rowspan="2">项目</td><td rowspan="2">工作目标</td><td colspan="2">工作性质</td><td rowspan="2">制定人</td><td rowspan="2">制定时间</td><td rowspan="2">预定完成时间</td></tr>
<tr><td>主要</td><td>次要</td></tr>
<tr><td>1</td><td></td><td></td><td></td><td></td><td></td><td></td></tr>
<tr><td>2</td><td></td><td></td><td></td><td></td><td></td><td></td></tr>
<tr><td>3</td><td></td><td></td><td></td><td></td><td></td><td></td></tr>
<tr><td colspan="7">工作目标执行者：</td></tr>
<tr><td>直属管理者：</td><td colspan="3"></td><td>部门管理者：</td><td colspan="2"></td></tr>
</table>

附录 2

员工月度绩效回顾表

<table>
<tr><td>部门</td><td></td><td>岗位</td><td></td><td>姓名</td><td></td><td>时间</td><td>年 月 日至
月 日</td></tr>
<tr><td colspan="8">第一部分　本月绩效实现情况</td></tr>
<tr><td>常规工作</td><td colspan="7"></td></tr>
<tr><td>专项工作</td><td colspan="7"></td></tr>
<tr><td colspan="8">第二部分　存在的主要问题、原因分析及改进措施</td></tr>
<tr><td>存在的问题</td><td colspan="7"></td></tr>
<tr><td>原因分析</td><td colspan="7"></td></tr>
<tr><td>改进方案</td><td colspan="7"></td></tr>
<tr><td colspan="8">第三部分　下月工作计划</td></tr>
<tr><td colspan="8">1.
2.
3.
（注：工作计划应明确工作内容、要求及完成时间）</td></tr>
<tr><td colspan="8">第四部分　工作建议及协调支持事项</td></tr>
<tr><td>工作建议</td><td colspan="7">1.
2.
3.</td></tr>
<tr><td>协调支持事项</td><td colspan="7">1.
2.
3.</td></tr>
</table>

续表

部门		岗位		姓名		时间	年　月　日至 年　月　日
第五部分　　领导审阅意见							
部门领导	签名：						
分管领导	签名：						
总经理	签名：						

填报说明：

1. 月度绩效总结周期为当月1日至25日。填表人须于每月25日17:00前填写此表(第一至第四部分)，并以电子邮件形式提交部门负责人签署意见；

2. 各部门领导于当月26日17：00前将本部门员工的月度绩效回顾表汇总后签署意见，以电子邮件形式交分管领导审阅；

3. 各分管领导于当月28日17：00前，集中签署意见后以电子邮件形式提交总经理审阅；

4. 行政部于下月3日前将总经理审阅签署意见后的月度绩效回顾表以电子邮件形式取回，作为员工绩效考核的重要依据集中归档保存

附录 3
员工日常考核表

<table>
<tr><td>部门</td><td></td><td>姓名</td><td></td><td>职位</td><td></td><td>考评周期</td><td colspan="2"></td></tr>
<tr><td>序号</td><td>考核项目</td><td colspan="4">考核条款</td><td>分值权重</td><td>自评得分</td><td>考核得分</td></tr>
<tr><td rowspan="4">1</td><td rowspan="4">工作制度遵守</td><td colspan="4">按时向本部门管理者提交日 / 周工作计划</td><td>20</td><td></td><td></td></tr>
<tr><td colspan="4">遵守请示报告制度，定期向本部门管理者报告工作计划及工作进展情况</td><td>20</td><td></td><td></td></tr>
<tr><td colspan="4">遵守请示报告制度，外出办公时提前向本部门管理者请示并填写外出登记表，每次未填写减 1 分</td><td>10</td><td></td><td></td></tr>
<tr><td colspan="4">严格控制借款金额，及时与财务交票及清账</td><td>15</td><td></td><td></td></tr>
<tr><td rowspan="3">2</td><td rowspan="3">考勤</td><td colspan="4">迟到或早退，每次减 1 分；当月迟到 10 次及以上，本项不得分</td><td>15</td><td></td><td></td></tr>
<tr><td colspan="4">考勤异常时，应及时填写考勤异常登记表</td><td>10</td><td></td><td></td></tr>
<tr><td colspan="4">请假须提前向本部门管理者请示并填写请假单，并提交人力资源部备案</td><td>10</td><td></td><td></td></tr>
<tr><td colspan="2">合计</td><td colspan="4"></td><td>100</td><td></td><td></td></tr>
<tr><td colspan="2" rowspan="2">绩效指标设定</td><td>被考核者</td><td></td><td rowspan="2">考核结果确认</td><td>被考核者</td><td></td><td rowspan="2"></td><td rowspan="2">考核结果提交时间：</td></tr>
<tr><td>考核者</td><td></td><td>考核者</td><td></td></tr>
</table>